Martin Hintringer

Einsatz von Cisco Unified Computing im Klinischen Rechenzentrum

disserta Verlag

Hintringer, Martin: Einsatz von Cisco Unified Computing im Klinischen Rechenzentrum, Hamburg, disserta Verlag, 2014

Buch·ISBN: 978·3·95425·362·3
PDF·eBook·ISBN: 978·3·95425·363·0
Druck/Herstellung: disserta Verlag, Hamburg, 2014
Covermotiv: © Uladzimir Bakunovich – Fotolia.com

Bibliografische Information der Deutschen Nationalbibliothek:
Die Deutsche Nationalbibliothek verzeichnet diese Publikation in der Deutschen
Nationalbibliografie; detaillierte bibliografische Daten sind im Internet über
http://dnb.d·nb.de abrufbar.

© disserta Verlag, Imprint der Diplomica Verlag GmbH
Hermannstal 119k, 22119 Hamburg
http://www.disserta·verlag.de, Hamburg 2014
Printed in Germany

KURZBESCHREIBUNG

Das Cisco Unified Computing System (UCS) bietet eine Architektur, um Rechenzentren die vollen Möglichkeiten für die Virtualisierung von IT-Systemen zur Verfügung zu stellen. Es vereinheitlicht den Zugang zu Rechenleistung, Netzwerkressourcen, Speicher, Management und Virtualisierung zu einem IT-Gesamtsystem und ist Basis für einen effizienten IT-Betrieb und eine schnelle und sichere Servicebereitstellung im Klinischen Rechenzentrum.

Durch die Zusammenführung der verteilten IT-Ressourcen zu einem effizienten Gesamtsystem können die steigenden Anforderungen hinsichtlich Kostenoptimierung, Zukunftssicherheit, Leistungsfähigkeit, Betriebssicherheit und Einfachheit im Klinischen Rechenzentrum unterstützt werden. Somit leistet das UCS als technische Basis für IT-Dienste im Gesundheitswesen einen Beitrag zu einer medizinischen Grundversorgung mit tragbaren Kosten.

Die wesentlichen Inhalte der Arbeit sind neben einer Beschreibung der Anforderungen an IT-Systeme im Klinischen Rechenzentrum, eine Analyse der am Markt verfügbaren Systemtechnologien- und Lösungen, sowie die Darstellung von Trends in diesem Bereich. Darüber hinaus werden die Nutzenpotentiale für den Einsatz von UCS im Klinischen Rechenzentrum beschrieben und die Implementierung eines Cisco UCS, am Beispiel der Klinikum Wels-Grieskirchen GmbH, aufgezeigt. Die Darstellung der erfolgskritischen Faktoren für die UCS-Einführung runden die Arbeit ab.

Das Buch hat zum Ziel die kaufmännischen, technischen, operativen und strategischen Aspekte für den Einsatz des UCS im Klinischen Rechenzentrum zu beleuchten und soll aufzeigen, wie dadurch die Anforderungen an moderne und zukunftssichere IKT-Architekturen unterstützt werden können.

ABSTRACT

The Cisco Unified Computing System (UCS) offers an architecture to make available the full possibilities for the virtualization of IT systems to computer centers. It standardizes the access to arithmetic achievement, network resources, storage, management and virtualization to an IT overall system and is a base for an efficient IT operation and a quick and secure service supply in the clinical computer center.

The rising requirements can be supported by the consolidation of the distributed IT resources to an efficient overall system concerning cost optimization, future security, efficiency, operational safety and simplicity in the clinical computer center. Therefore the UCS performs a contribution to basic medical care with portable costs as a technical base for IT services in health care.

The essential contents of the work are beside a description of the requirements for IT systems in the clinical computer center, an analysis of the system technologies and solutions available in the market, as well as the representation of trends in this area. In addition, the potential usage is described for the application by UCS in the clinical computer center and the implementation of a Cisco UCS, at the example of the Klinikum Wels-Grieskirchen GmbH, is indicated. The representation of the successful-critical factors for the introduction of UCS round the work.

The book shows the purpose of the technical, operational and strategical business-aspects for the application of the UCS in the clinical computer center and shows how UCS supports the requirements for modern and future-proofed IT-architectures.

Danksagung

Mein Dank gilt allen Personen, die mich direkt oder indirekt bei der Erstellung dieser Arbeit unterstützt haben.

Mein besonderer Dank gilt der Firma Cisco, die diese Arbeit unterstützt hat, sowie Herrn Hans-Peter Ullrich, der durch seine hervorragende Betreuung wertvolle Beiträge lieferte, mich ermutigte und maßgeblich unterstützte. Darüber hinaus bedanke ich mich bei Herrn Dr. Walter Dey und Herrn Bernd Loitzl, die mich mit technischen Detailinformationen zum Cisco UCS versorgten und mir mit Rat und Tat zur Seite standen.

Ferner danke ich Herrn Dr. Walter Seböck und Frau Mag. Anita Zimmermann, sowie meinen Studienkollegen und Vortragenden für die interessanten Beiträge und Diskussionen, von denen dieses Werk profitierte.

Für ihre Geduld, ihr Verständnis und ihre Unterstützung während der Erstellung dieser Arbeit und im Verlauf dieses Lehrgangs, bedanke ich mich ganz herzlich bei meiner Familie, bei meinen Freunden, sowie bei meinen Arbeitskollegen und meinen Vorgesetzten.

INHALTSVERZEICHNIS

ABBILDUNGSVERZEICHNIS

GLOSSAR

Backplane

Busplatine in Gehäusen von IT-Geräten (z.b. Switches oder Blade-Server)

Cache-Speicher

Flüchtiger Puffer-Speicher für schnellen Zugriff

Cloud-Computing

Techniken und Bereitstellungsmodelle um Produkte oder Services in Echtzeit über das Internet zur Verfügung zu stellen

Computertomograph

Computer-gestütztes, röntgen-diagnostisches Medizingerät zur Herstellung von Schnittbildern des menschlichen Körpers, mit modernen CT's können bei einem Röhrenumlauf mehrere Schnitte gleichzeitig aufgenommen werden (z.b. 64-Zeilen-CT)[1]

Cut-Trough-Architektur

Architektur von Switch-Komponenten, die eine sehr schnelle Weiterleitung von Datenpaketen ermöglicht

Disaster-Recovery

Maßnahmen zur Datenwiederherstellung nach einem Datenverlust oder Gerätedefekt

Ethernet

Ethernet ist eine Datennetztechnik, welche einen Datenaustausch mittels Datenpaketen zwischen den angeschlossenen Endgeräten ermöglicht. Ethernet war ursprünglich für lokale Computernetze vorgesehen, wird mittlerweile aber auch für Weitverkehrsnetzwerke verwendet. Ethernet entspricht weitestgehend der IEEE-Norm 802.3[2].

Event-Correlation

Event-Correlation ist ein Verfahren zur Korrelation von Ereignissen, um bei IT-Überwachungseinrichtungen aus einer Vielzahl von Meldungen die relevanten Informationen zu extrahieren.

---

[1] Vgl. bsmo GmbH (2010): Lifeline – Medizin im Internet. Glossar, Berlin.
http://www.lifeline.de/akromegalie/service/glossar/content-121029.html [Abruf: 05.04.2010]
[2] Vgl. Sikora, Axel (2001): Ethernet im Überblick, München.
http://www.tecchannel.de/netzwerk/lan/401674/ethernet_lan_protokoll_mac_phy_kollision_switc hing/ [Abruf: 05.04.2010]

Fail-Over

Funktion zur Ausfallsicherung von hochverfügbaren redundanten Computersystemen oder Anwendungen

FC-Multipathing

Technik zur Erhöhung von Ausfallsicherheit und Leistung in FC- Netzwerken (z.B. wenn ein Server mehrfach an ein FC-Netzwerk an-gebunden ist, kann er das Speichersystem über mehrere Wege erreichen)

Fibre Channel

Standardisiertes Protokoll für eine serielle Hochgeschwindigkeits-übertragung in Speichernetzwerken

Fortune 1000

Rangliste der US-amerikanischen Zeitschrift „Fortune" mit den tausend umsatzstärksten amerikanischen Unternehmen

Green-IT

Ansatz zur umweltschonenden Nutzung von IT-Geräten über die gesamte Lebensdauer

hot-swappable

hot-swappable bezeichnet die Möglichkeit IT-Komponenten eines IT-Systems im laufenden Betrieb zu tauschen

Infiniband

Infiniband ist eine Technologie zur seriellen Hochgeschwindigkeitsdatenübertragung, welche aktuell meist nur für die Verbindung von hochverfügbaren, redundanten Serversystemen verwendet wird.

I/O-Konsolidierung

Zusammenführung unterschiedlicher Datenübertragungstechniken wie Ethernet, FC oder Infiniband auf ein gemeinsames Übertragungsmedium im Rechenzentrum

IP-Telefonie

Telefonieren über IP-basierende Computernetzwerke, auch bekannt als Voice over IP

Internet Small Computer System Interface

Verfahren welches die Verwendung des Small Computer System Interface über IP-basierende Netzwerke ermöglicht, Standard entsprechend IETF RFC3720

Modalität

Modalität ist ein Begriff, der für verschiedene bildgebende Geräte in der Medizintechnik verwendet wird

Multiplex

Durch den Einsatz von Multiplexverfahren können vorhandene Übertragungsleitungen durch Signalbündelung mehrfach und daher wirtschaftlicher genutzt werden[3].

OSI-Layer2

Zweite Schicht des OSI-Referenzmodells (auch bekannt als OSI-7-Schichten-Modell), auf der beispielsweise Switch-Komponenten arbeiten

Rack

Schrank bzw. Gestell zum Einbau für IT- und Elektrogeräte, üblicherweise mit einer genormten Breite von 19 Zoll und definierten Höheneinheiten von 1,75 Zoll

Rackmount-Server

Server der für den Einbau in ein standardisiertes 19-Zoll-Serverrack vorgesehen ist

Redundant Array of Independent Disks

System mit redundanter Anordnung unabhängiger Festplatten um die Ausfallsicherheit und den Datendurchsatz gegenüber einzelnen physikalischen Festplatten zu erhöhen

Single Point of Failure

Als Single Point of Failure versteht man einen Teil eines IT-Systems, der bei einem auftretenden Fehler, einen Ausfall des Gesamtsystems nach sich zieht.

Small Form-Factor Pluggable Plus

Standardisiertes Modul für Netzwerkübertragungen von 10GE über Kupfer- bzw. Glasfaserverkabelung

Solid State Disks

Speichermedium aus Halbleiterbausteinen ohne bewegliche Teile

---

[3] Vgl. Datacom Buchverlag GmbH (2010): Multiplexverfahren. Multiplexing, Peterskirchen. http://www.itwissen.info/definition/lexikon/Multiplexverfahren-multiplexing.html [Abruf: 05.04.2010]

Spanning Tree Protokoll

Algorithmus zur Vermeidung von Schleifen und redundanten Netzwerkpfaden im LAN, standardisiert nach der IEEE-Norm 802.1D

Stakeholder

Unter einem Stakeholder wird eine Person oder eine (Teil-)Organisation verstanden, die von einem Prozess oder Projekt bzw. dem Ergebnis daraus betroffen ist. Hierzu können z.b. Geschäftsführung, Entwickler, Systemanwender oder Wartungs- und Servicepersonal gehören[4].

Storage-Cluster

Verbund von Speichersystemen, mit dem Zweck die Verfügbarkeit bzw. die Leistungsfähigkeit des Gesamtsystems zu erhöhen

Switch

Ein Switch ist eine aktive Netzwerkkomponente, die vorwiegend in lokalen Netzwerken zum Einsatz kommt und IT-Endgeräte bzw. Netzwerksegmente entsprechend OSI-Layer2 miteinander verbindet.

Tape Library

Gerät welches Bandlaufwerke und Magnetspeicherbänder beinhaltet und diese automatisiert bedient

Total Cost of Ownership

Das TCO-Konzept kann als eine Systematik zur Erfassung aller Kosten aufgefasst werden, die sich einer Investition im Lauf ihrer gesamten Einsatzdauer direkt und indirekt zurechnen lassen[5]

Virtual Tape Library

Festplattenspeicher der eine Tape Library emuliert

Virtualisierungs-Hypervisor

Virtualisierungssoftware die eine Umgebung für virtuelle Maschinen bereitstellt

---

[4] Vgl. Schmied, Jürgen (2010): Management Know-How. Glossar, Neunkirchen am Brand. http://www.management-knowhow.de/index.php?id=10 [Abruf: 05.04.2010]
[5] Vgl. Freie Universität Berlin (2003): Center für digitale Systeme. Glossar, Berlin. http://www.internetoekonomie.com/glossar.php?HP=0&von=t&bis=z [Abruf: 05.04.2010]

ABKÜRZUNGSVERZEICHNIS

10GBASE-KR	10Gigabit-Ethernet für Backplane basierende Systeme (Backplane Ethernet)
10GE	10Gigabit-Ethernet
CIO	Chief Information Officer
CLI	Command Line Interface
CPU	Central Processing Unit
CT	Computertomograph
DCB	Data Center Bridging
DCBX	Data Center Bridging Capabilities Exchange Protocol
DDR3	Double Data Rate Three
DIMM	Dual Inline Memory Modul
e-Health	Electronic-Health
ENet	Ethernet
EPA	Environmental Protection Agency
ETS	Enhanced Transmission Selection
FC	Fibre Channel
FCoE	Fibre Channel over Ethernet
FM	Facility-Management
FTP	File Transfer Protocol
Gbps	Gigabit per Second
GB	Gigabyte
GUI	Graphical User Interface
IDC	International Data Corporation
IEEE	Institute of Electrical and Electronics Engineers
IETF	Internet Engineering Task Force
IKT	Informations- und Kommunikationstechnologie
ILM	Information Lifecycle Management
INCITS	International Committee for Information Technology Standards
I/O	Input/Output
IP	Internet Protocol
IPC	Inter-Process Communication

iSCSI	Internet Small Computer System Interface
IT	Informationstechnik
KIS	Krankenhausinformationssystem
kW	Kilowatt
KWG	Klinikum Wels-Grieskirchen
LAN	Local Area Network
MB	Megabyte
MDES	Medical Data Exchange Solution
OSI	Open Systems Interconnection
PCI	Peripheral Component Interconnect
PFC	Priority-based Flow Control
PUE	Power Usage Effectiveness
RAID	Redundant Array of Independent Disks
RPM	Revolutions per Minute
SAN	Storage Area Network
SAS	Serial Attached Small Computer System Interface
SFF	Small Form-Factor
SFP+	Small Form-Factor Pluggable Plus
SLA	Service Level Agreement
SMS	Short Message Service
SNIA	Storage Networking Industry Association
TACACS+	Terminal Access Controller Access Control System Plus
Tbps	Terabit per Second
TCO	Total Cost of Ownership
TRILL	Transparent Interconnection of Lots of Links
UC	Unified Computing
UCS	Unified Computing System
USV	Unterbrechungsfreie Stromversorgung
VM	Virtuelle Maschine
VN-Link	Virtuelle Netzwerkverbindung
x86	Mikroprozessor-Architektur mit Prozessoren der 8086/8088-Reihe
XML	Extensible Markup Language

1 EINLEITUNG UND STRUKTURIERUNG DES THEMAS

1.1 ALLGEMEINES

Das österreichische Gesundheitswesen sieht sich einem ungebrochenen Reformdruck gegenüber. Die Leistungserbringer im ambulanten und stationären Sektor stehen vor der Herausforderung, die Qualität stetig steigern, gleichzeitig aber auch die Kosten senken zu müssen. Um diesen Spagat meistern zu können, setzen sowohl die Politik als auch die Gesundheitsdienstanbieter und Kostenträger auf innovative Informations- und Kommunikationstechnologien (IKT), um die Prozesse in den Kliniken optimal zu unterstützen und einen reibungslosen und effizienten Ablauf bei der Patientenversorgung zu ermöglichen[6].

Jeder Leistungserbringer im Gesundheitswesen ist heute mehr denn je gefordert, sich auf die kontinuierlich ändernden Wettbewerbsbedingungen einzustellen. Kostensenkung und die Frage der Finanzierung haben in den letzten Jahren die öffentliche Diskussion im Gesundheitswesen bestimmt. Kein zeitgerechtes Krankenhaus kann sich von diesen anspornenden marktwirtschaftlichen Herausforderungen abkapseln. Um die eigene Leistungs- und Konkurrenzfähigkeit nachhaltig zu sichern sind innovative Lösungen gefordert. Wie in jedem marktwirtschaftlich geführten Unternehmen, gilt es die gestiegenen Forderungen an Innovationskraft, Wandlungsfähigkeit, Agilität und Vernetzung zu erfüllen und zu nachhaltigen strategischen Wettbewerbsfaktoren auszubauen.

1.2 PROBLEMSTELLUNG, MOTIVATION UND STRUKTUR DER MASTERTHESE

1.2.1 PROBLEMSTELLUNG

Durch die zunehmende Digitalisierung der Patientenakten und den vermehrten Einsatz von betriebskritischen, Internetprotokoll- (IP) basierenden Systemen im

---

[6] Vgl. Informationsforum RFID e.V. (2007): RFID im Gesundheitswesen, Berlin, S.1. http://www.info-rfid.de/info-rfid/content/e107/e127/e242/rfid_im_gesundheitswesen_ger.pdf [Abruf: 05.04.2010]

klinischen Umfeld, steigen die Anforderungen an Effizienz, Leistungsfähigkeit, Verfügbarkeit, Stabilität und Datensicherheit signifikant.

Neben Herstellern von Informationstechnologie- (IT) Systemen setzen mehr und mehr Medizingerätehersteller, Erzeuger von Kommunikationstechnik und Haustechnikgeräten auf die Vorzüge IP-basierender Kommunikation, was die Anforderungen an die Gesamtverfügbarkeit der IKT-Systeme weiter erhöht und das Netzwerk zur Hauptschlagader eines Unternehmens werden lässt. In modernen Spitälern ist es keine Seltenheit, dass bei einem Ausfall von IT-Systemen Operationstermine verschoben werden müssen, wenn dadurch keine Patienteninformationen zur Verfügung gestellt werden können. Ein Ausfall der IKT-Systeme bedeutet für Kliniken nicht nur finanzielle Einbußen, sondern kann auch den Verlust von Patientendaten und Imageschäden zur Folge haben.

Durch die hohe Komplexität moderner IT-Landschaften und die starke Abhängigkeit zwischen den IKT-Systemen, gestalten sich Wartungs-arbeiten zunehmend schwieriger. IT-Verantwortliche werden mehr und mehr damit konfrontiert, dass die IKT-Systeme rund um die Uhr verfügbar sein müssen. Dies verlangt wiederum den Einsatz von hoch redundanten Systemen, welche die Gesamtkosten für Hardware, Lizenzen, Wartung, und Betrieb in die Höhe treiben.

Durch das enorme Datenaufkommen, welches durch die Digitalisierung der Patientenakte im Klinischen Rechenzentrum entsteht, steigt die Anforderung an die Leistungsfähigkeit der IKT-Systeme rasant. Sowohl Netzwerke als auch Server- und Speicherkomponenten stoßen, durch die starke Zunahme an digitalen Bild- und Videodaten, an die Grenzen Ihrer Leistungsfähigkeit.

Des Weiteren wird es für IT-Administratoren zunehmend schwieriger, der Vielzahl an verteilten Systemen und Ressourcen Herr zu werden. Starke Abhängigkeiten und unzählige Schnittstellen zwischen den Systemen, sowie eine Vielzahl an speziellen Werkzeugen für Management, Überwachung, Alarmierung und Auswertung, erschweren es den Überblick im Betrieb zu behalten. Durch den Einsatz zahlreicher Managementwerkzeuge, einem höheren Personalaufwand, sowie den rasant steigenden Energiekosten für

Stromversorgung und Kühlung der immer leistungsstärkeren IT-Systeme, steigen die Betriebskosten im Klinischen Rechenzentrum signifikant.

Aus diesem Grund verlangen IT-Entscheider mehr und mehr nach einer Neugestaltung der verteilten Rechenzentrums-Infrastrukturen, um der Forderung nach Vereinfachung der Strukturen, Synergienutzung, Skalierbarkeit, Effizienz und Kostenoptimierung gerecht zu werden. Für diese weit gefassten Vorhaben müssen effiziente, kostenoptimierte und zukunftssichere IKT-Lösungen im Klinischen Rechenzentrum eingesetzt werden, die den Anforderungen an Betriebssicherheit und IT-Security gerecht werden.

1.2.2 MOTIVATION UND STRUKTUR DER MASTERTHESE

Die Motivation der Arbeit beruht auf der Tatsache, dass es zu Cisco's Unified Computing (UC) Architektur bis dato keine ausreichenden Erkenntnisse in wissenschaftlich relevanter Literatur gibt.

Die Arbeit geht der Frage nach, welche IT-Systemtechnologien und Trends aktuell am Markt für Rechenzentrumslösungen vorherrschen, wie Cisco's innovative UC Architektur die Anforderungen an die IT im Klinischen Rechenzentrum unterstützen kann und was die erfolgskritischen Faktoren bei der Einführung eines Unified Computing Systems (UCS) sind. Wesentlich für das Verständnis dieser Thematik ist es abzugrenzen, dass in dieser Arbeit nicht Software-Anwendungen, sondern Basisinfrastrukturkomponenten der Systemtechnik, samt der für Implementierung und Betrieb notwendigen Managementplattformen, betrachtet werden.

UC ist eine Architektur, um Rechenzentren die vollen Möglichkeiten für die Virtualisierung zur Verfügung zu stellen. Sie vereinheitlicht den Zugang zu Rechenleistung, Netzwerkressourcen, Speicher, Management und Virtualisierung zu einem energieeffizienten System, mit einem konvergenten Netzwerk als Plattform. UC überbrückt die bisher vorherrschende Silo-Architektur in Rechenzentren.

Durch die wachsende Komplexität und steigenden Anforderungen bei IT-Anwendungen, ermöglicht UC eine Architektur aller Hardware-Ressourcen und reduziert die Komplexität und Administration der Systeme. Gleichzeitig ermöglicht die Architektur den IT-Verantwortlichen eine deutliche Zeitersparnis bei der Bereitstellung von neuen Diensten, durch die einfache Erweiterung von Ressourcen.

Neue wirtschaftliche Rahmenbedingungen verlangen schnelle Anpassung von Unternehmen. Effizienz und Kostensenkung zählen mit zu den entscheidenden Prioritäten für Unternehmen und rücken bei strategischen Entscheidungen, die Vereinheitlichung der Rechenzentrums-Infrastruktur in den Vordergrund[7].

Der Einsatz von UC ermöglicht durch Vereinheitlichung, Vereinfachung und Verstärkung der Leistungsfähigkeit von IKT-Systemen, eine effiziente, performante und hochverfügbare Lösung, zur optimalen Unterstützung der Anforderungen im klinischen Umfeld.

1.3 ZIELSETZUNG UND FORSCHUNGSFRAGE

Die Arbeit hat zum Ziel, die kaufmännischen, technischen, operativen und strategischen Aspekte, für den Einsatz des Cisco UCS im Klinischen Rechenzentrum zu beleuchten und leistet damit einen Beitrag, zur wissenschaftlichen und strukturierten Untersuchung der UC Technologie im praktischen Einsatz, im Kontext unternehmensinterner Datenverarbeitung im deutschsprachigen Raum. In engem Zusammenhang dazu werden theoretische Grundlagen, aktuelle Marktdaten, Expertengespräche sowie Untersuchungen der Eigenschaften und Rahmenbedingungen von Projekten in die Arbeit einbezogen und in Bezug auf UC hinterfragt.

---

[7] Vgl. Pressetext Nachrichtenagentur GmbH (2009): Cisco bringt erstes Unified Computing System für Rechenzentren auf den Markt, Wien. http://pressetext.at/news/090317009/cisco-bringt-erstes-unified-computing-system-fuer-rechenzentren-auf-den-markt/ [Abruf: 03.05.2010]

Praktische Erfahrungen werden in einen theoretisch, wissenschaftlichen Kontext eingegliedert. Ziel ist es, allgemeingültige Beobachtungen zu extrahieren und Aussagen in Form möglichst genereller Regeln abzuleiten. Diese Arbeit soll aufzeigen, wie der Einsatz von UC die Anforderungen an moderne, zukunftssichere IKT-Architekturen im klinischen Umfeld unterstützen kann. Des Weiteren sollen Beziehungen zwischen System und Umwelt dargestellt werden. Ein Ausblick auf mögliche Verbesserungen und Perspektiven für weitere Forschungen runden diese Arbeit ab.

Die Arbeit geht dabei folgender Forschungsfrage nach:

Welche Systemtechnikanforderungen gibt es im Klinischen Rechenzentrum, wie kann das Cisco UCS diese Anforderungen unterstützen und was sind die erfolgskritischen Faktoren bei der Einführung von UCS im Klinischen Rechenzentrum?

Die wesentlichen Inhalte der Arbeit sind neben einer Analyse der am Markt verfügbaren IT-Technologien für Systemtechnikkomponenten im Rechenzentrum, die Betrachtung der Anforderungen an die IT-Systemtechnik im Klinischen Rechenzentrum, die Vorstellung einer UCS-Implementierung am Beispiel der Klinikum Wels-Grieskirchen (KWG) GmbH, die Darstellung der Nutzenpotentiale für den Einsatz von UCS im Klinischen Rechenzentrum, sowie die Betrachtung der erfolgskritischen Faktoren bei der Einführung von UC in diesem Umfeld.

Das Erfassen von erfolgskritischen Faktoren für die Planung und Umsetzung von neuartigen Lösungen ist insofern wesentlich, da IT-Projekte generell, aber gerade in Bezug auf neue Technologien und Lösungen in einer komplexen Domäne, wie etwa dem Gesundheitswesen, sehr häufig scheitern.

Zur Zielgruppe dieser Arbeit zählen IT-Verantwortliche, Rechenzentrums-leiter sowie Entscheidungsträger im Klinischen Umfeld.

2 MARKTANALYSE

2.1 ANFORDERUNGEN AN MODERNE RECHENZENTREN IM KLINISCHEN UMFELD

Rechenzentren, also zentralisierte Einrichtungen zur Datenverarbeitung, -speicherung und –verbreitung, sind aus modernen Kliniken nicht mehr wegzudenken. Während in der Vergangenheit das Augenmerk haupt-sächlich auf die Steigerung der Leistungsfähigkeit der Systeme in den Rechenzentren lag, ist mit der anhaltenden Diskussion um steigende Energiepreise und Klimaerwärmung, sowie der Forderung nach Kostensenkung eine Neubewertung der Prioritäten innerhalb der IT- und Rechenzentrumsbetreiber zu beobachten. Nicht mehr nur die pure Leistung der Server-, Speicher- und Netzwerksysteme steht im Mittelpunkt, sondern Klimafreundlichkeit und Effizienz im Betrieb gewinnen stark an Bedeutung. In vielen Bereichen eines Rechenzentrums bestehen Einsparmöglichkeiten, die nach Angaben von Herstellern und Verbänden beträchtlich sind[8].

Kaum zuvor gab es bei der Konzeption und im Betrieb von Rechenzentren einen so hohen Druck, und so viele Herausforderungen zu meistern. Einerseits muss die immer komplexer werdende Infrastruktur zu einer funktionierenden Gesamtlösung zusammengefügt werden, und dabei strenge Service-Level-Vorgaben und immer weiter steigende Anforderungen an die System- und Anwendungsverfügbarkeit erfüllen. Andererseits kann der Aufbau eines neuen, oder das Nachrüsten eines bestehenden Rechenzentrums, immense Kosten verursachen, weshalb angesichts der schwierigen Wirtschaftslage Projekte aufgeschoben oder nicht umgesetzt werden. Doch wenn Krankenhäuser und Kliniken keine neuen Investitionen tätigen und auf dem Status quo verharren, kann darunter die Wettbewerbsfähigkeit leiden. Dieses Dilemma wird häufig durch sich widersprechende Ziele des Facility Managements (FM) und der IT verschärft. Die IT konzentriert sich in der Regel auf die unmittelbaren Anwen-

---

[8] Vgl. Technische Universität Berlin (2008), S.1

dungs- und Service Level Agreement- (SLA) Anforderungen. Das FM hat dagegen mit hohen Anfangsinvestitionen und laufenden Kosten zu kämpfen und richtet den Blick Richtung Skalierbarkeit und langfristige Instandhaltung[9].

Hinsichtlich Investition und Betrieb von IT-Systemen, gilt es im modernen Klinischen Rechenzentrum folgende Anforderungen zu erfüllen:

2.1.1 BETRIEBSSICHERHEIT

Moderne Rechenzentren im klinischen Umfeld stellen eine hoch-redundante und stabile Haustechnik- und IT-Infrastruktur bereit, um hohen Anforderungen hinsichtlich Verfügbarkeit, Ausfallsicherheit, Stabilität und Servicequalität gerecht zu werden. Nicht selten wird in Klinischen Rechenzentren für die Kernanwendungen und die zentralen Systeme eine Verfügbarkeit von 99,9% gefordert, was im Klartext bedeutet, dass ein System, das 24 Stunden am Tag, an 7 Wochentagen, 365 Tage im Jahr in Betrieb ist, eine maximal erlaubte Ausfallzeit von lediglich 8,76 Stunden haben darf[10].

Da IT-Systeme im Rechenzentrum aufeinander aufbauen und daher voneinander abhängig sind, gilt es bei der Berechnung der Gesamt-verfügbarkeit eines IT-Systems bzw. einer Anwendung zu berücksichtigen, dass sich diese aus dem Produkt der Einzelverfügbarkeit des jeweiligen Systems zusammensetzt. Das bedeutet, dass bei einer geforderten Verfügbarkeit eines Krankenhaus-Informationssystems (KIS) von 99,9%, die darunterliegenden IT-Systeme, wie etwa Netzwerk-, Server- oder Speichersysteme, eine noch höhere Verfügbarkeit erfüllen müssen.

Um solch hohe Verfügbarkeitsanforderungen erfüllen zu können, müssen die zentralen IT- und Haustechniksysteme in den Klinischen Rechen-zentren redundant ausgelegt sein, um damit einen Single Point of Failure zu vermeiden.

---

[9] Vgl. Hewlett Packard GmbH (2009): Kostensenkung im Rechenzentrum, Böblingen. http://h30458.www3.hp.com/de/de/ent/784946.html?jumpid=em_di_476408_DE_D_73_013_hpc_d _784946_tsg-hps&dimid=1004657604&dicid=null&mrm=1-4BVUP [Abruf: 03.05.2010]

[10] Nach Auskunft des Leiters der Abteilung IT-Systemtechnik der X-Tention Informationstechnologie GmbH, Harald Waibel, vom 14. Dezember 2009.

Wesentlich ist dabei, dass alle Abhängigkeiten der geforderten Systeme durchgängig berücksichtigt werden. Dabei gilt es vor allem die Basisinfrastrukturkomponenten im Rechenzentrum, wie etwa Unterbrechungsfreie Stromversorgung, Klimatisierung, sowie Netzwerk-, Server- und Speichersysteme, redundant auszuführen und in die Berechnungen mit einzubeziehen. Wichtig ist es, diese Redundanzen auch regelmäßig auf Funktionalität zu testen.

2.1.2 LEISTUNGSFÄHIGKEIT UND SKALIERBARKEIT

Bei der Anschaffung von modernen IT-Systemen im Klinischen Rechenzentrum, muss ein besonderes Augenmerk auf die Leistungsfähigkeit, sowie auf die Leistungsreserven gelegt werden. Die rasanten Entwicklungen im Bereich der Medizintechnik, sowie der Einsatz von neuen Medien, wie etwa IP-Telefonie oder Videokonferenzanwendungen, stellen die Netzwerke und IT-Systeme im klinischen Umfeld vor völlig neue Herausforderungen.

Ein moderner 64-Zeilen Computertomograph (CT) scannt den gesamten menschlichen Körper mit einer örtlichen Auflösung von 0,4mm in nur 25 Sekunden. Dabei werden etwa 3.600 Bilder erzeugt. Das sind 400Megabyte (MB) Daten pro Sekunde oder 10Gigabyte (GB) Daten pro Untersuchung. Bisher verwendete Systeme liefern 60 Bilder beim Einzeilen-CT oder 400 Bilder bei 4-8-Zeilen-CT´s. Dass bedeutet eine Steigerung des Datenvolumens um das 10 bis 15-fache bei Wechsel der medizinischen Modalitäten im Rahmen von Neubeschaffungen[11].

Diese hohen Datenmengen, die durch bildgebende Modalitäten im Bereich der Medizintechnik erzeugt werden, müssen dem medizinischen Personal zeitnah und in entsprechender Qualität zur Verfügung gestellt werden. Die IT-Planer und Entscheider im klinischen Umfeld stehen daher vor der Aufgabe, mit der rasanten Entwicklung Schritt zu halten. Um den hohen Anforderungen gerecht

---

[11] Vgl. Fromm, Axel (2007): Langzeitarchivierung Health, S.4.
http://www.asklepios-future-
hospital.com/Presse/Download/Praesentationen_AFH_dialogTAGE/T-Systems.pdf
[Abruf: 03.05.2010]

zu werden, bedarf es einer performanten, stabilen und einfach erweiterbaren Netzwerk- und IT-Infrastruktur in den Rechen-zentren. IT-Konzepte und Strategien müssen daher mit besonderer Bedachtnahme auf Leistungsfähigkeit, Skalierbarkeit und Flexibilität erfolgen.

Moderne Rechenzentrumskonzepte verlangen daher eine ganzheitliche und abgestimmte Planung zwischen IT und FM, um die Anlagen und Systeme modular, entsprechend den Anforderungen, im Rahmen von Projekten bzw. anlassbezogen, in den geplanten Ausbaustufen wachsen zu lassen.

2.1.3 EINFACHHEIT UND WARTBARKEIT

In historisch gewachsenen Rechenzentren findet man oftmals eine Vielzahl unterschiedlicher Systembausteine von zahlreichen Herstellern vor, welche die technologischen Entwicklungen über Jahre hinweg widerspiegeln. Das Problem dabei ist die oftmals einhergehende Komplexität solch gewachsener Lösungen, die sich aus einem Flickwerk von Systemen zusammensetzen und dem Betriebspersonal die Erfüllung der Aufgaben maßgeblich erschweren. Bedenkt man die Vielzahl an IT-Anwendungen, die speziell in der Domäne Gesundheitswesen zum Einsatz kommen, ist es schwierig, in solch gewachsenen und komplexen Umgebungen, einen stabilen und effizienten Betrieb zu ermöglichen. Vor allem ist es schwierig, die Forderungen in Bezug auf Servicequalität, Verfügbarkeit und Security der IT-Systeme, sowie hinsichtlich Kosteneffizienz zu erfüllen[12].

Im Hinblick auf Kostenoptimierung und Einfachheit im Betrieb, verlangt der Markt nach Lösungsanbietern, welche die IT-Subsysteme, unter Berücksichtigung von Industriestandards, zu einer leistungsfähigen und stabilen IT-Gesamtlösung für Rechenzentren formen, und alles aus einer Hand liefern können. Wesentlich ist, im Hinblick auf Qualität, Zukunftssicherheit, Support und Kosteneffizienz, die Wahl des Herstellers sorgfältig zu treffen. Vorteile einer

---

[12] Nach Auskunft des Leiters der Abteilung IT-Systemtechnik der X-Tention Informationstechnologie GmbH, Harald Waibel, vom 14. Dezember 2009.

solchen Homogenisierung der IT-Systemlandschaft sind unter anderem „Featuretransparenz", also der Möglichkeit die vollen Leistungsmerkmale system- bzw. medienübergreifend zu nutzen, die Reduktion der Komplexität, die Vereinfachung im Support und die Vereinfachung in Bezug auf System- und Technologie Know-How beim IT-Personal.

2.1.4 Effizienz im Betrieb

Der Stromverbrauch in den Rechenzentren wird durch steigende Energiepreise, bei gleichzeitig zunehmendem Ressourcenbedarf, zu einem wesentlichen Kostenfaktor. Ein durchschnittlicher x86-Server verursacht mittlerweile im Laufe seiner Betriebsdauer Stromkosten, die annähernd den Anschaffungskosten entsprechen[13].

Für eine Verbesserung der Energieeffizienz ist dabei der Blick auf das Gesamtsystem wichtig. Denn nicht nur die Server sollten effizient und sparsam arbeiten, gerade auch Kühl- und USV-Anlagen, sowie Speicher- und Netzwerkkomponenten verursachen hohe Energiekosten.

Damit ermittelt werden kann, wie energieeffizient ein Rechenzentrum arbeitet, hat das Konsortium „The Green Grid" die Kennzahl Power Usage Effectiveness (PUE) entwickelt. Diese beschreibt welcher Anteil des Energieverbrauchs im Rechenzentrum für die Datenverarbeitung genutzt wird. Je höher dieser Anteil ist, desto effizienter arbeitet das Rechen-zentrum.

Die Kennzahl stellt sich wie folgt dar:

PUE = Total Facility Power geteilt durch IT-Equipment Power

Unter „Total Facility Power" versteht das Konsortium den Stromverbrauch der gesamten Einrichtung. Hierzu zählt auch die unterstützende Infrastruktur wie Beleuchtung, Kühlungssysteme und Stromversorgung. "IT-Equipment Power"

---

[13] Nach Auskunft des Fachbereichsverantwortlichen Data Center Services bei Cisco Systems Austria, Hans-Peter Ullrich, vom 30. September 2009.

hingegen ist ausschließlich die Energie für die IT-Systeme die Daten im Rechenzentrum verarbeiten, verwalten, speichern oder weiterleiten. Dazu gehören die Netzwerk-, Server-, Speicher- und Managementsysteme im Rechenzentrum. Die Kennzahl PUE kann im Ergebnis theoretisch zwischen 1 und unendlich liegen, wobei das Rechenzentrum umso effektiver arbeitet, je näher die Zahl bei 1 liegt. Umfassende Studien dazu liegen bisher zwar noch nicht vor, das Green-Grid-Konsortium geht aber davon aus, dass die meisten Rechenzentren eine PUE von etwa 3,0 oder höher haben[14].

Um den Energieverbrauch weiter zu senken, werden Lösungen sowohl auf Seiten der Rechenzentrums- als auch auf Seiten der IT-Infrastruktur benötigt.

2.1.5 KOSTENOPTIMIERUNG UND ZUKUNFTSSICHERHEIT

Im Hinblick auf Kostenoptimierung empfiehlt es sich alle IT-Anwendungen im Klinischen Rechenzentrum, im Rahmen einer Risikoanalyse, zu klassifizieren und entsprechenden Verfügbarkeitsklassen zuzuordnen. Anhand dieser Einstufung können kosteneffiziente und zukunftssichere Rechenzentrumsinfrastrukturen konstruiert werden, indem unter-schiedliche Betriebsumgebungen mit unterschiedlichem Grad an Redundanz geschaffen werden, von denen jede auf die Geschäftspriorität der jeweiligen Anwendungen ausgelegt ist[15].

Betriebskritische Anwendungen, wie etwa ein KIS, werden beispielsweise nur in Bereichen betrieben, die für einen hochverfügbaren Betrieb vorgesehen sind. Unkritischere Anwendungen können dabei in Umgebungen implementiert werden, die zum Beispiel auf unnötige Redundanz der Systeme verzichten. Auf diese Weise können sowohl Anfangsinvestitionen, als auch laufende Betriebskosten drastisch reduziert werden.

---

[14] Vgl. Wehner, Gabriele (2009): Die Effizienz von Rechenzentren lässt sich messen, München, S.1. http://www.computerwoche.de/hardware/green-it/1852181/ [Abruf: 03.05.2010]
[15] Nach Auskunft des Leiters der Abteilung IT-Systemtechnik der X-Tention Informationstechnologie GmbH, Harald Waibel, vom 14. Dezember 2009.

Bei einer zukunftssicheren Planung von IT-Systemen ist es wesentlich, die Einhaltung von Industrie-Standards, die Flexibilität, Modifizierbarkeit und Erweiterbarkeit der Systeme, die Voraussetzung zur Unterstützung zukünftiger Funktionen, sowie die konsequente Weiterentwicklung der Hard- und Software-Systeme, im Zuge des Hersteller- bzw. Partner-Supports zu berücksichtigen.

Für einen sicheren Betrieb der Systeme sind die generelle Verfügbarkeit, sowie die rechtzeitige Bereitstellung von Ersatzteilen ausschlaggebend, sodass definierte SLA's eingehalten werden können. Hierfür müssen entsprechende Rahmenvereinbarungen wie Service- oder Support-Abkommen mit Herstellern bzw. Partnern getroffen werden. Für eine kontinuierliche Weiterentwicklung und Erneuerung der IT-Systeme im Rahmen technologischer Neuerungen bzw. der Lebenszyklusplanung, können Innovationsverträge mit Systemlieferanten eingeplant werden.

2.1.6 INFORMATIONSSICHERHEIT

In Bezug auf die Verarbeitung von personenbezogenen, medizinischen Patientendaten im Klinischen Rechenzentrum, fällt folgenden Punkten der Informationssicherheit ein besonderes domänenspezifisches Gewicht zu:

Verfügbarkeit von Daten:

Verteilte Anwendungsprozesse, die eine beliebige Zahl von verteilten Nutzern und Ressourcen einbeziehen, müssen zur Unterstützung von Arzt und Patient bei jeder Behandlung asynchron gestaltet werden können. Das macht eine permanente Verfügbarkeit der Daten erforderlich. Diese müssen innerhalb eines definierten Berechtigungsrahmens mit einer 24/7-Verfügbarkeit genutzt werden können.

Verlässlichkeit von Daten:

Medizinische Patientendaten müssen auch in elektronischer Form eine Verlässlichkeit aufweisen, wie sie bei Arztbriefen auf Papier existiert. Der Urheber muss zweifelsfrei erkennbar sein, und es ist sicherzustellen, dass die Informationen nicht verfälscht worden sind. Darüber hinaus müssen die enthaltenen Informationen auch rechtsverbindlich belastbar sein. Nicht verlässliche medizinische Daten sind für einen Arzt bei der Behandlung von geringem Wert. Entsprechend ist bei administrativen Daten, wie Abrechnung, die gleiche Verlässlichkeit erforderlich.

Datenschutz:

Eine besondere Eigenschaft der Domäne Gesundheitswesen ist der Umgang mit sehr persönlichen Patientendaten, für die ein höchstes Maß an Vertraulichkeit gewahrt werden muss. Patientendaten, die in einem IT-System verarbeitet werden, müssen durch die Beschränkung des Zugriffs und der Verarbeitungsmöglichkeit zur Wahrung ihrer Vertraulichkeit besonders geschützt werden. Diese Anforderung muss durch ein explizites Sicherheitskonzept konkretisiert werden. Da aus medizinischer Sicht in einigen wenigen (Not-)Fällen die Nutzbarkeit von Daten über ihre Vertraulichkeit gestellt wird, gewinnt hier die Nachvollziehbarkeit von Vorgängen in den Anwendungen und der Infrastruktur an Relevanz und muss mit dem Datenschutzaspekt verbunden werden[16].

2.2 IT-SYSTEMBAUSTEINE EINES KLINISCHEN RECHENZENTRUM

Eine moderne IT-Landschaft im Klinischen Rechenzentrum umfasst mehrere Kern-Technologien bzw. Systembausteine, die allesamt interagieren und zu einem funktionierenden Ganzen zusammengefügt werden müssen. Diese Bausteine können im Wesentlichen in fünf Bereiche zusammengefasst werden:

- Netzwerksysteme
- Serversysteme
- Speichersysteme
- Virtualisierungssysteme

---

[16] Vgl. Fraunhofer-Institut für Offene Kommunikationssysteme (2008): eHealth-Infra-strukturen - Sichere Serviceorientierte Architekturen im Gesundheitswesen, Berlin, S.7.
http://www.telematik-modellregionen.de/content/e280/e286/e863/infoboxContent864/FOKUS-eHealth-Infrastrukturen.pdf [Abruf: 03.05.2010]

- Managementsysteme

2.2.1 NETZWERKSYSTEME

Schnelle und zuverlässige Daten- und Speichernetzwerke bilden das Fundament für die Datenübertragung im Rechenzentrum. Mit Ethernet, Fibre Channel (FC) und Infiniband haben sich im Wesentlichen drei Basistechnologien etabliert, die in modernen Rechenzentrums-infrastrukturen zum Einsatz kommen. In größeren Unternehmen werden oftmals alle drei Technologien parallel eingesetzt, da neue Anwendungen zusätzliche Fähigkeiten an die Netzwerkinfrastrukturen voraussetzen. Dabei wird Ethernet für den IP-Datenverkehr, FC für die Anbindung der Speichersysteme und Infiniband für die Vernetzung von Hochleistungs-Computersystemen verwendet. Diese parallele Entwicklung unterschiedlicher Netzwerkinfrastrukturen führt allerdings zu hohen Investitions- und Betriebskosten[17].

Der Schlüssel zu einer Konsolidierung der unterschiedlichen Netzwerktechnologien im Rechenzentrum, liegt in der Zusammenführung auf eine konvergente Netzwerkinfrastruktur. Auf diese Weise kann die Netzwerk-, Speicher- und Interprozesskommunikation über ein und dieselbe Server-I/O-Verbindung durchgeführt werden. Beim Vergleich von Ethernet, FC und Infiniband bietet Ethernet das größte Technologie- und Markt-Potential um den Anforderungen aller drei Basistechnologien zu entsprechen.

In der Vergangenheit gab es bereits einige Konsolidierungsansätze mittels Infiniband bzw. iSCSI. Diese Versuche waren allerdings in großen Unternehmensnetzwerken kaum erfolgreich, da sie im Fall von Infiniband die Einführung einer zusätzlichen Technologie erforderten und iSCSI, bei geschäftskritischen Storage-Daten, qualitäts- und leistungsmäßig klare Defizite gegenüber FC hat. iSCSI wird so, vor allem in kleineren und mittleren Unternehmen, als kostengünstige Alternative zu FC-Netzwerken, verwendet. Wenn ein skalierbares Speichernetzwerk für hohe Übertragungsgeschwindigkeiten gefordert wurde,

---

[17] Vgl. Gai, Silvano (2008), S.13

war FC bislang die einzige Wahl. Durch die spezielle Hardware, das erforderliche Fachwissen und den aufwändigen Betrieb, ist diese Technologie allerdings mit hohen Kosten verbunden[18].

Im Juni 2009 wurde vom International Committee for Information Technology Standars (INCITS) das Fibre Channel over Ethernet (FCoE) Protokoll verabschiedet. FCoE sieht eine Übertragung von FC Daten über Ethernet vor, wobei alle Funktionalitäten des FC Protokolls beibehalten werden können. Durch den Einsatz von FCoE können die Investitions- und Betriebskosten im Rechenzentrum reduziert und gleichzeitig vorhandene Infrastrukturinvestitionen geschützt werden. Der große Vorteil besteht darin, dass die Migration von FC zu Ethernet langsam erfolgen kann. Dabei ist absehbar, dass Speichersysteme zukünftig direkt über FCoE eingebunden werden können und damit kostenintensive Speicher-netzwerke überflüssig machen[19].

Um für FCoE eine verlustfreie Übertragung garantieren zu können, wurden vom Institute of Electrical and Electronic Engineers (IEEE) Ethernet-Erweiterungen entwickelt, welche unter dem Begriff Data Center Bridging (DCB) zusammengefasst wurden. Folgende Erweiterungen wurden dabei vorgesehen:

Priority Based Flow Control (PFC):

Da bei einer I/O-Konsolidierung unterschiedliche Verbindungen über ein gemeinsames Medium genutzt werden, muss gewährleistet werden, dass sich diese untereinander nicht beeinflussen. Verkehrshäufungen einer Verbindung dürfen sich daher nicht auf andere Verbindungen auswirken. PFC wurde entwickelt, um den bestehenden Pause-Mechanismus von Ethernet zu erweitern und die Datenflusskontrolle auf Basis von Prioritäten abzuhandeln. PFC stellt dabei acht virtuelle Verbindungen auf einer physikalischen Leitung zur

---

[18] Nach Auskunft des Consulting System Engineers bei Cisco Systems Austria, Bernd Loitzl, vom 29. März 2010.
[19] Vgl. DeLuca, Marco (2009): FCoE - Was es ist und was es bringt, Miesbach.
http://www.speicherguide.de/Magazin/Advertorials/tabid/237/articleType/ArticleView/articleId/11467/Advertorial-FCoE-Was-es-ist-und-was-es-bringt.aspx [Abruf: 03.05.2010]

Verfügung und erlaubt, dass jede dieser Verbindungen unabhängig voneinander angehalten und neu gestartet werden kann. Diese Entwicklung ermöglicht es beispielsweise FC-Daten, über einen separaten virtuellen Link, einer eigenen Serviceklasse zuzuordnen, und diese gegenüber anderen Anwendungen zu priorisieren und verlustfrei über Ethernet zu übertragen.

Enhanced Transmission Selection (ETS):

ETS sorgt dabei für die priorisierte Bearbeitung auf Basis von Bandbreitenzuteilung oder Verzögerungszeit. Als Erweiterung der virtuellen Verbindungen stehen virtuelle Schnittstellen-Warteschlangen zur Verfügung, die für das Management der zugewiesenen Bandbreite pro Verkehrsgruppe zuständig sind. Auf diese Weise können verschiedene Verkehrsklassen, innerhalb der gleichen Prioritätsklasse, unterschiedlich behandelt werden.

Data Center Bridging Exchange Protocol (DCBX):

Das DCBX wird in Rechenzentrumsnetzwerken dazu verwendet, um Endgeräte zu entdecken und zwischen diesen Konfigurations-informationen auszutauschen.

Congestion Notification:

Congestion Notification ist eine Verkehrsmanagement-Architektur, die Mechanismen anwendet, um die Auswirkungen von Verkehrsstaus zu reduzieren. Auf diese Weise kann die Integrität von zentralen Netzwerksystemen geschützt werden, indem nur jene Teile des Netzwerks beeinflusst werden, die den Stau verursachen[20].

FCoE- und DCB-Technologien, auf Basis von 10-Gigabit-Ethernet (10GE), eröffnen somit die Möglichkeit einer kostenoptimierten und zukunftssicheren

---

[20] Vgl. Cisco Systems Deutschland (2008): Data Center Ethernet – Die Cisco Innovation für Data Center Netzwerke, Berlin, S.4.
http://www.cisco.com/web/DE/pdfs/solutions/Cisco_DCE_WP.pdf [Abruf: 03.05.2010]

Netzwerkkonsolidierung im Rechenzentrum. Mit einer 10GE-Verbindung ist man nun in der Lage, mehrere Verkehrstypen gleichzeitig und verlustfrei zu übertragen. Dies entspricht den hohen Anforderungen für die Übertragung von FC-Daten über Ethernet.

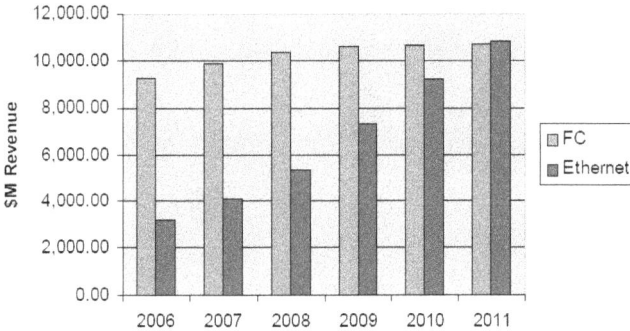

Abbildung 1. Ausblick Fibre Channel und Ethernet Storage Systeme[21].

Das Marktforschungsunternehmen IDC prognostizierte im „Worldwide Disk Storage Systems Forecast" vom Mai 2007, dass die Ethernet basierenden Speichersysteme die FC basierenden Systeme bereits 2011 überholen werden (siehe Abbildung 1). Dabei wird das größte Wachstum von Ethernet bei der Errichtung von neuen Rechenzentren bzw. bei der Erweiterung von bestehenden Netzwerkstrukturen erwartet. Des Weiteren ist ersichtlich, dass sich die Entwicklungskurve für FC seit 2009 stark abflacht.

Durch eine konvergente Ethernet-Infrastruktur ist die Koexistenz unterschiedlicher Netzwerke nicht mehr erforderlich. Abbildung 2 stellt die durch die I/O-Konsolidierung hervorgerufene Vereinfachung bei der Serveranbindung grafisch dar. Durch eine vereinheitlichte Netzwerk-infrastruktur können Serveranbindungen zukünftig, über leistungsstarke 10GE Verbindungen und eine einzige Ethernet-Mehrzweckverbindung (Unified Fabric), anstelle von dedizierten

---

[21] Abbildung entnommen aus: McNamara, Mike (2008): NetApp Whitepaper – Ethernet Storage, S.5. http://media.netapp.com/documents/wp-7046.pdf [Abruf: 03.05.2010]

Verbindungen, stark vereinfacht werden. Durch die damit einhergehende Reduktion der Server- und Netzwerk-Komponenten können erhebliche Einsparungen bei Investitions- und Betriebskosten erzielt werden.

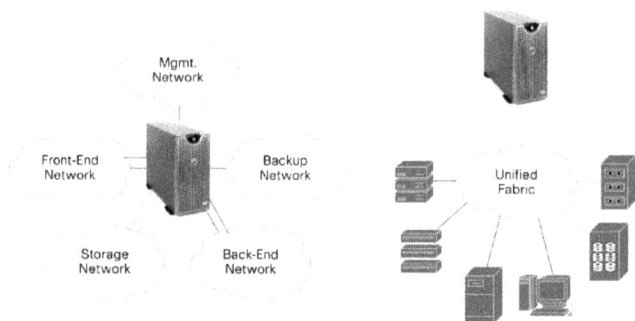

Abbildung 2. Vereinfachung der Serveranbindung durch I/O-Konsolidierung[22].

Verbesserungen bei Serverarchitekturen wirken sich ebenfalls positiv auf den Trend der I/O-Konsolidierung aus. Die Weiterentwicklungen des Peripheral Component Interconnect (PCI) Busstandards zur Anbindung von Peripheriegeräten, ermöglicht es Serversystemen den I/O-Engpass am PCI-Bus zu überwinden. Diese Verbesserung erlaubt es Servern, die volle Leistung der 10GE-Netzwerkanbindung zu nutzen. Durch die stärkere Konzentration von Prozessorleistung, Arbeitsspeicher und virtuellen Maschinen pro Server, wird der Bedarf an 10GE im Rechenzentrum kontinuierlich steigen.

Bei all den Vorteilen gibt es allerdings immer noch Themen die gelöst bzw. finalisiert werden müssen. Dazu gehören die Verabschiedung der Standards zu den DCB-Technologien, die derzeit noch hohen Kosten für 10GE und die Auseinandersetzungen zwischen den Storage- und Netzwerk-Teams, bei der Frage, bei wem zukünftig die Verantwortung für das Netzwerk liegt.

---

[22] Abbildung entnommen aus: Cisco Systems Deutschland (2008): Data Center Ethernet - Die Cisco Innovation für Data Center Netzwerke, Berlin, S.7.
http://www.cisco.com/web/DE/pdfs/solutions/Cisco_DCE_WP.pdf [Abruf: 03.05.2010]

Weitere Entwicklungen im Rechenzentrumsnetzwerk sehen noch höhere Portgeschwindigkeiten und Verbesserungen der Netzwerkstrukturen vor. Derzeit durchlaufen der 40-Gigabit-Ethernet sowie der 100-Gigabit-Ethernet Standard den Standardisierungsprozess der IEEE. Die Verabschiedung der Standards, sowie die ersten Komponenten werden in naher Zukunft erwartet. Weiters wird von IEEE am Standard 802.1aq, sowie von der Internet Engineering Task Force (IETF) am TRILL-Standard gearbeitet. Beide Standards zielen darauf ab, dass alle redundanten OSI-Layer2 Pfade aktiv genutzt werden können und somit, das in vielen Rechenzentrumsnetzwerken vorherrschende Spanning Tree Protokoll, abgelöst werden kann. Der von IEEE definierte Spanning Tree Algorithmus blockiert zur Vermeidung von Netzwerkschleifen redundante Verbindungen und verschwendet somit Netzwerkressourcen[23].

Eine intelligente Netzwerkstrategie für das Klinische Rechenzentrum, die auch FCoE umfasst, sollte so konzipiert sein, dass sie existierende und künftige Technologien auf evolutionäre Weise integriert, sodass die Vorteile der neuen Technologie genutzt werden können, während die Kosten-Risiko-Struktur unter Kontrolle bleibt[24].

2.2.2 SERVERSYSTEME

Aktuell ist bei vielen Betreibern von Klinischen Rechenzentren, die Situation bei der Bereitstellung von neuen Serversystemen, alles andere als zufriedenstellend. Neben hohen Betriebs- und Investitionskosten wird durch zahlreiche Verkabelungen, Schnittstellen und Management-werkzeugen, die Administration der Serversysteme immer komplexer. Daraus resultieren lange Bereitstel-

---

[23] Nach Auskunft des Consulting System Engineers bei Cisco Systems Austria, Bernd Loitzl, vom 29. März 2010.
[24] Vgl. Klein, Michael / Schirra, Christof (2009): Fibre Channel over Ethernet zwischen Hype und Realität - Erste Abschätzungen der Praxistauglichkeit einer konvergierten Netzwerk-Infrastruktur, Augsburg, S.2.
http://www.searchstorage.de/themenbereiche/speichernetze/fcoe-san/articles/232461/index2.html [Abruf: 03.05.2010]

lungs- und Fehlerbehebungszeiten, da der Abstimmungsaufwand zwischen den unterschiedlichen IT-Disziplinen und Fachbereichen enorm ist[25].

Um den steigenden Anforderungen hinsichtlich Performance und Effizienz, bei gleichzeitig steigendem Kostendruck und begrenzten Ressourcen gerecht zu werden, sind IT-Manager gezwungen, auf innovative Lösungen im Klinischen Rechenzentrum zu setzen. Begriffe wie Konsolidierung, Virtualisierung, Green-IT, Cloud-Computing und Konvergenz beherrschen die aktuelle Diskussion im Servermarkt.

Die Entwicklung am Servermarkt geht rasant voran. Waren es gestern Rack-mount-Server, sind es heute Blade-Server und morgen ganzheitliche Lösungen, bestehend aus Server-, Netzwerk-, Storage-, Virtualisierungs- und Manage-ment-Elementen.

Aktuell sind Blade-Server in den Rechenzentren auf dem Vormarsch und ringen den klassischen Rackmount-Servern, stetig aber doch, die Krone ab. Dabei sind Blade-Server nicht nur für Großunternehmen interessant, auch mittelstän-dische Firmen können von einer Serverkonsolidierung mittels Blade-Technologie profitieren. Durch geringeren Platzbedarf, sowie bessere Flexibili-tät, Skalierbarkeit, Verfügbarkeit und Verwaltbarkeit stellt diese innovative Technologie eine interessante Alternative zu konventionellen Serversystemen dar.

Blade-Server-Chassis sind modular aufgebaut und stellen den Blade-Servern gemeinsame Stromversorgung, Kühlung und Management-funktionen zur Verfügung. Über die gemeinsame Busplatine verbindet das Gehäuse die Blade-Server untereinander, sowie zum Daten- und Speicher-Netzwerk. Blade-Server-

---

[25] Nach Auskunft des Fachbereichsverantwortlichen Data Center Services bei Cisco Systems Austria, Hans-Peter Ullrich, vom 30. September 2009.

Chassis können Speichersysteme beinhalten aber auch komplett speicherlos betrieben werden, indem die Blade-Server direkt vom SAN booten[26].

Blade-Server werden für gewöhnlich eingesetzt um kleinere bis mittlerer Leistungsanforderungen zu erbringen und beinhalten daher i.d.R. nicht mehr als 4 Prozessoren. Für größere Leistungsanforderungen werden zwei oder mehr Slots im Gehäuse mit größeren Blade-Servern belegt. Gehäuse-Steckplätze können aber auch für Festplatten- oder Netzwerksysteme verwendet werden. Dies macht das Blade-Server-Gehäuse zu einem modularen, flexiblen und skalierbaren Gesamtsystem.

Die Entwicklungen am stark umkämpften Servermarkt wurden 2009 durch den Eintritt von Cisco Systems mit Spannung verfolgt.

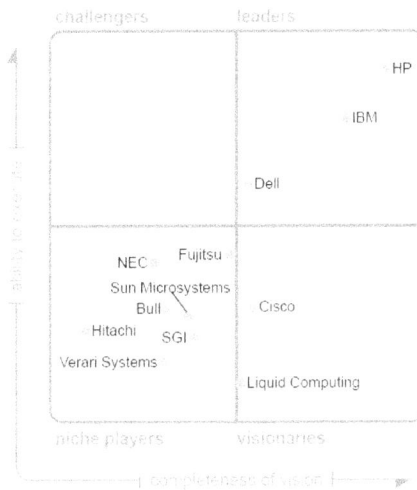

Abbildung 3. Gartner Magic Quadrant für Blade Server[27].

---

[26] Vgl. Datacom Buchverlag GmbH (2010): Bladeserver. blade server, Peterskirchen. http://www.itwissen.info/definition/lexikon/Blade-Server-blade-server.html [Abruf: 03.05.2010]
[27] Abbildung entnommen aus: Butler, Andrew / Weiss, George J. (2009), S.2

Das Marktforschungsunternehmen Gartner bescheinigte Cisco im Magic Quadrant für Blade Server, hinsichtlich Vision und Innovationskraft, auf Anhieb einen Platz unter den Top 3 Serverherstellern (siehe Abbildung 3). Weiters ist beachtlich, dass laut Gartner, Cisco im Bezug auf Umsetzungsstärke, Größen wie Sun Microsystems bereits überholt hat.

Als globales Unternehmen, das in vielen Rechenzentren bereits vertreten ist und starke Partnerschaften mit Herstellern von Virtualisierungslösungen (z.B. vmware) bzw. Storage-Herstellern (z.B. EMC) hat, ist Cisco bestens gerüstet, den Rechenzentrumsmarkt mit ganzheitlichen Lösungen zu versorgen[28].

Hersteller, die integrierte Systemlösungen aus einer Hand anbieten können und somit eine standardisierte, abgestimmte und maßgeschneiderte Gesamtlösungen für die hohen Anforderungen an moderne Rechenzentren bieten, sind zukünftig im Rechenzentrums-Markt am besten positioniert[29].

Nicholas Carr beschreibt in seinem Buch „The Big Switch", dass Anwendungen zukünftig nicht mehr lokal auf PC's oder Servern installiert werden, sondern als skalierbare Services aus effizient arbeitenden Datenverarbeitungsfabriken über das Internet bezogen werden. Interessant ist, dass er dabei starke Parallelen zur Entwicklung der Energieversorgung feststellt. Diese entwickelte sich von anfangs lokalen Gleichstromgeneratoren in Fabriken, hin zu einer effizienten, überregionalen und massentauglichen Wechselstromtechnik[30].

Moderne Serversysteme müssen also, die in vielen Rechenzentren vorherrschende Silo-Architektur durchbrechen und eine leistungsstarke, effiziente und flexible Plattform für Virtualisierungslösungen und Cloud-Computing-Dienste bieten. Der Trend geht zu standardisierten Appliances, welche aus Server,

---

[28] Vgl. Heise Online (2009): Cisco, EMC und VMware gründen Joint Venture „Acadia", Hannover. http://www.heise.de/newsticker/meldung/Cisco-EMC-und-VMware-gruenden-Joint-Venture-Acadia-849996.html [Abruf: 03.05.2010]
[29] Vgl. Evenson, Jeff / David, Jeremy / Cofsky, Jonathan (2009), S.1
[30] Vgl. Carr, Nicholas (2009), S.81

Storage und Netzwerk bestehen und eine konvergente, sichere und skalierbare IT-Infrastruktur im Rechenzentrum bilden.

Den Gesundheitsdiensteanbietern steht es zukünftig frei, ob Sie die Dienste als Service über das Internet beziehen oder in der „Private-Cloud" im eigenen Rechenzentrum betreiben. Dabei besteht Wahlfreiheit über die Beschaffungs- und Finanzierungsmöglichkeiten. Die Serversysteme können gekauft, geleased oder outgesourced werden. Wichtig ist dabei nicht einfach nur einem Hype zu folgen, sondern einen maximalen Investitionsschutz bei geringem Risiko zu erzielen[31].

Die Virtualisierungstechniken sind als Motor hinter dem Thema Cloud-Computing zu sehen. Virtualisierung hat über die damit einhergehende Serverkonsolidierung, zu größeren Systemen und optimalen Systemauslastungen geführt und somit den Weg für einen effizienten Betrieb geebnet. Server für performante Virtualisierungs- plattformen erfordern hohe CPU-Leistungen kombiniert mit hoher Arbeitsspeicher- skalierbarkeit und großer I/O-Performance. Wesentlich ist dabei ein ganzheitliches Management für die einfache Bereitstellung von virtuellen Server-, Speicher- und Netzwerkressourcen.

Das Thema Energieeffizient gilt in Zeiten steigender Energiepreise als klares Entscheidungskriterium und wird vor allem von IT-Betreibern, bei denen die Energiekosten zur Total Cost of Ownership (TCO) zählen, vorausgesetzt. in Ausschreibungen wird daher zukünftig das Kriterium „Performance pro Watt" verstärkt Anwendung finden.

Moderne Serversysteme sollten über Mechanismen verfügen, welche den Energieverbrauch überwachen und aktiv beeinflussen können. Auf diese Weise kann mit einer entsprechenden Serverraumüberwachung und einer intelligenten Managementsoftware ein Optimum aus Leistung und Energieeffizienz im gesamten Rechenzentrum erzielt werden. Dadurch kann bei Klimatisierungs-

---

[31] Vgl. Haluschak, Bernhard (2010): Server – Die neuen Trends und Technologien, Wien, S.1. http://www.computerwelt.at/detailArticle.asp?a=126214&n=2 [Abruf: 03.05.2010]

oder Stromengpässen im Rechenzentrum die Leistung von Serversystemen gezielt reduziert werden oder die Systeme können, entsprechend Priorität, automatisiert heruntergefahren werden. Die Managebarkeit von Serversystemen hat also direkten Einfluss auf die Energieeffizienz. Im Hardwarebereich können energieeffiziente Netzteile, Solid State Disks und Low-Power Prozessoren zu einer Senkung der Energie- und Klimatisierungskosten beitragen.

In der Diskussion am Servermarkt werden also auch weiterhin die Themen Konvergente Infrastrukturen, Konsolidierung, Energieeffizienz, Virtualisierung und Cloud-Computing, mit Bedachtnahme auf Kostenoptimierung, Betriebssicherheit und IT-Security, vorherrschen.

2.2.3 SPEICHERSYSTEME

Speicher- bzw. Storagesystemen kommt in Zeiten rasant wachsender Datenmengen eine besonders hohe Bedeutung im Klinischen Rechenzentrum zu. Abbildung 4 zeigt, dass sowohl das Datenaufkommen, der Wert der Daten, sowie die Kosten für das Speicher-Management exponentiell ansteigen. Im Gegensatz dazu sinken IT-Budgets und Ausgaben für Personal. Dem nicht genug steigen die Anforderungen an die Verfügbarkeit und die Performance der Datenbereitstellung.

Weitere Herausforderungen im Datenmanagement sind neben Einhaltung gesetzlicher Vorgaben, die Sicherstellung der Lesbarkeit der Daten (auch noch nach Jahren), ein niedriger Administrations- und Management-aufwand, sowie die Bereitstellung einer kostenoptimierten Infrastruktur. Um diesem Dilemma entgegenzuwirken bedarf es intelligenter Strategien und innovativer Mechanismen[32].

---

[32] Nach Auskunft des Leiters der Abteilung IT-Systemtechnik der X-Tention Informationstechnologie GmbH, Harald Waibel, vom 14. Dezember 2009.

$$

Value of data

Amount of data (+10-100%)

Storage Management Costs (3-5x)

Budget and IT Staff cuts

Time

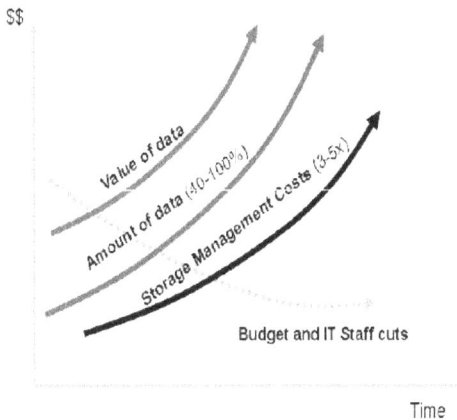

Abbildung 4. Entwicklung der Anforderungen an Speichersysteme[33].

Ein Optimierungsansatz beruht darauf, dass nicht alle Daten im Klinischen Rechenzentrum die gleichen Anforderungen an Verfügbarkeit und Zugriffszeit haben. Beispielsweise verlangen operative Daten, mit höchstem Performanceanspruch, andere Voraussetzungen an die Storage-Infrastruktur wie Sicherungs- oder Archivdaten. Es ist daher nicht zielführend für alle Daten nur eine Storagetechnologie zu verwenden.

Zu diesem Zweck wurde 2004 von der Storage Network Industry Association (SNIA) das Information Lifecycle Management (ILM), als strategisches Instrument zur Konsolidierung des Datenmanagements, definiert. ILM ist ein stetiger, dynamischer Prozess mit dem Ziel, Informationen über ihre gesamte Lebensdauer so zu verwalten, dass sie immer optimal gespeichert und verfügbar sind[34].

---

[33] Abbildung entnommen aus: Kainrath, Bernhard (2010), S.6
[34] Vgl. SNIA (2004): ILM Definition and Scope – An ILM Framework, S.5.
http://www.snia.org/forums/dmf/programs/ilmi/DMF-ILM-Vision2.4.pdf [Abruf: 03.05.2010]

43

Dabei ist der Wert der Information von Unternehmensdaten über den Lebenszyklus eine entscheidende Kenngröße, d.h. eine Information soll unter Berücksichtigung aller Kosten, so solange wie nötig sicher gespeichert werden, so rasch wie erforderlich verfügbar sein und so schnell wie notwendig wiederherstellbar sein. Da sich der Wert der Information im Laufe des Lebenszyklus ändert, muss die Art und Weise der Speicherung auf diese Änderung abgestimmt sein. Dadurch ist es notwendig, dass die Funktionalitäten der Storage-Produkte durch innovative Lösungen laufend erweitert werden. Als Voraussetzung für ein ILM müssen die Daten entsprechend klassifiziert werden und eine Speicherinfrastruktur mit mehreren Speicherebenen zur Verfügung gestellt werden.

An dieser Stelle setzt das von der SNIA geprägte „Tiered Storage" Konzept an. Dieses Konzept beschreibt den Aufbau von verschiedenen Stufen der Datensicherung durch die Errichtung einer Hierarchie von Speichersystemen, die auf Anforderungen der Applikationen (Performance, Aufbewahrungszeit, Sicherheit, Business Continuity, Compliance, etc.) und Kosten beruhen. Abbildung 5 zeigt, welche Stufen die Daten innerhalb eines Lebenszyklus durchlaufen können. Beispielsweise können ältere Daten von geschäftskritischen Anwendungen nach einer definierten Zeit vom Primary Storage (Tier 1) in den Secondary Storage (Tier 2) verschoben werden. Darüber hinaus können die Daten, entsprechend den gesetzlichen Anforderungen, über ein Virtual Tape Library (Tier 3) oder Tape Library (Tier 4), gesichert und archiviert werden.

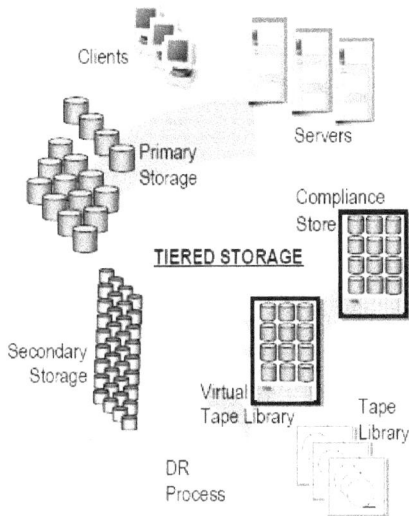

Abbildung 5. Tiered Storage Konzept[35].

Der Ansatz des „Tiered Storage" erfordert definierte Mechanismen um die Daten in den Speichersystemen zu platzieren. Hier wird zwischen 3 Möglichkeiten unterschieden:

1. Statisch - Applikationen bzw. Daten werden bestimmten Stufen und Speichersystemen zugeordnet

2. Nacheinander - Daten werden nach bestimmten Voreinstellungen Weiterverschoben (z.B. ins Archiv)

3. Dynamisch – dies erfordert sogenannte aktive „Data Mover", wie etwa auf ILM basierte Methoden[36]

---

[35] Abbildung entnommen aus: Peterson, Michael / Morash, Dean (2005): ILM and Tiered Storage, S.1.
http://www.snia.org/forums/dmf/knowledge/DMF-SNS_Tiered_Storage_20051024.pdf
[Abruf: 03.05.2010]
[36] Vgl. Peterson, Michael / Morash, Dean (2005): ILM and Tiered Storage, S.1.
http://www.snia.org/forums/dmf/knowledge/DMF-SNS_Tiered_Storage_20051024.pdf
[Abruf: 03.05.2010]

Beim ILM können also alle, das Datenmanagement betreffenden Funktionen, wie Verteilung, Archivierung und Datensicherung, nach definierten Regeln vom Storage-System selbst umgesetzt werden. Das System stellt somit sicher, dass die Daten, abhängig von ihrem Wert, auf dem wirtschaftlichsten Datenspeicher abgelegt werden.

Darüber hinaus kann die Effizienz der Datenspeicherung im Klinischen Bereich durch eine Konsolidierung der oftmals historisch gewachsenen Speichersysteme deutlich gesteigert werden. Kritische Patienten-informationen liegen oftmals über verschiedene Stationen verteilt in sogenannten „Storage-Inseln". Eine ganzheitliche Storagekonsolidierung sollte dabei auf eine einheitliche Infrastruktur mit kompatiblen Speicher-familien, auf einheitliche Software und Prozesse, sowie auf einen reduzierten Betriebs- und Schulungsaufwand abzielen.

Als Schlüssel hinter einer modernen Storagekonsolidierung steht die Einführung einer Virtualisierungsebene. Diese Ebene sorgt für die logische Abstraktion eines Service von der zugrundeliegenden physischen Infrastruktur[37].

Durch den Einsatz einer Speichervirtualisierung bieten sich folgende Vorteile:

- Kombinationsmöglichkeit von Storage Produkten unterschiedlicher Hersteller
- Örtliche Unabhängigkeit der Speicherressourcen
- Keine neuen Standards oder Programmierschnittstellen notwendig
- Nutzung höherwertiger Storage Funktionalitäten (Mirror, Snapshot, etc.)
- Etablierung eines Tiered Storage Konzepts

Neben der Speichervirtualisierung gibt es intelligente Mechanismen wie Datendeduplizierung oder „Thin Provisioning" um die Effizienz von Speichersystemen weiter zu erhöhen. Datendeduplizierung ist ein Prozess der mit Hilfe einer Mustererkennung redundante Daten identifiziert und eliminiert. Auf diese Weise

---

[37] Nach Auskunft des Deal Lifecylce Management Verantwortlichen bei NetApp Austria, Bernhard Kainrath, vom 19. Jänner 2010.

können beträchtliche Speicherressourcen eingespart werden. Beim sogenannten „Thin Provisioning" wird durch eine Überbuchung des physischen Speichers und der Bereitstellung virtueller Festplatten, dem Server mehr Speicherkapazität zur Verfügung gestellt, als im Speichersystem dafür vorgehalten wird. Auf diese Weise kann ungenutzter Speicherplatz für andere Systeme zur verwendet werden[38].

In Bezug auf die Hochverfügbarkeitsanforderungen für Speichersysteme im Klinischen Rechenzentrum bietet der Markt Lösungen für Mehrstandorte-Konzepte, synchrone Datenspiegel, standortübergreifende Storage-Cluster, ausfallsichere RAID- und Virtualisierungstechnologien sowie Fail-Over- und Disaster-Recovery-Konzepte um die gesetzlichen und unternehmerischen Forderungen hinsichtlich Verfügbarkeit und Aufbewahrungsdauer von Krankengeschichten und geschäftskritischen Daten erfüllen zu können[39].

Mit Spannung blickt der Markt auf die Entwicklungen hinsichtlich direkte Integrationsmöglichkeit von FC basierenden Storagesystemen über eine konvergente Ethernet-Infrastruktur mittels FCoE, sodass zukünftig der Aufbau von parallelen Ethernet- und FC-Infrastrukturen im Rechen-zentrum nicht mehr notwendig ist.

Weiters könnte mit dem Einsatz von Solid State Disks eine Revolution im Storage-Umfeld ausgelöst werden. Vorteile gegenüber herkömmlichen magnetischen Speichermedien sind dabei kurze Zugriffszeiten, mechanische Robustheit, niedriger Energieverbrauch und das Fehlen von Geräuschentwicklung. Allerdings befindet sich die Technologie noch in einem frühen Stadium. Schwächen bei der Dauerhaftigkeit der Daten, Kosten pro GB und Schreibgeschwindigkeit müssen noch ausgemerzt werden.

Wie man sieht, hat der Markt auf die steigenden Anforderungen im Bereich der Datenspeicherung reagiert und bietet innovative Strategien und Lösungen um

---

[38] Nach Auskunft des Fachbereichsleiters Datacenter-Services der X-Tention Informationstechnologie GmbH, Josef Stoiber, vom 1. März 2010
[39] Nach Auskunft des Deal Lifecylce Management Verantwortlichen bei NetApp Austria, Bernhard Kainrath, vom 19. Jänner 2010.

Speichersysteme, entsprechend den Anforderungen, effizient einzusetzen. Durch gezielte Umsetzung der beschriebenen Möglichkeiten zur Optimierung der Speichersysteme, kann dem starken Anstieg des Datenaufkommens und der damit verbundenen Kosten Einhalt geboten werden.

2.2.4 VIRTUALISIERUNGSSYSTEME

Ohne Zweifel ist Virtualisierung im modernen Klinischen Rechenzentrum das Kernthema schlechthin. Virtualisierungslösungen versprechen Effizienzsteigerung, Platzersparnis, Kostenreduktion, Flexibilität und Vereinfachung in der Administration. Die am Markt verfügbaren Lösungen beziehen sich auf Netzwerk-, Server- und Speichersysteme ebenso wie auf Endgeräte und Applikationen. Im Grunde lässt sich in der modernen IT nahezu alles virtualisieren.

Mit dem Einsatz von Virtualisierungstechnologien sind verschiedene Absichten verbunden. Der grundlegende Ansatz der Virtualisierungs-konzepte ist die Abstraktion virtueller Umgebungen von der zugrunde liegenden Hardware. Die Systemvirtualisierung verfolgt das primäre Ziel, die produktiven IT-Systeme unabhängig von der technischen Plattform zu machen. Dieser Ansatz der Entkopplung von logischer Systemumgebung und physischer Hardware zieht in der Konsequenz einige Vorteile, wie etwa Verbesserung der Effizienz, Stabilität, Verfügbarkeit, Produktivität, sowie Kostensenkung nach sich[40].

Gartner gab im Report „Virtualisation Changes Virtually Everything" folgendes zu verstehen: *„Virtualization is the highest impact trend changing infrastructure and operations through 2012. It will change how you manage, how and what you buy, how you deploy, how you plan, and how you charge[41]"*.

Das Marktforschungsunternehmen IDC unterstützt diese Behauptung indem es prognostiziert, dass die Anzahl der logischen, virtualisierten Server, die Anzahl der physikalischen, nicht virtualisierten Server, 2010 übersteigt, wie Abbildung 6 zeigt.

---

[40] Vgl. Balmes, Frank (2008), S.14
[41] Vgl. Dawson, Philip / Bittman, Thomas J. (2008), S.20

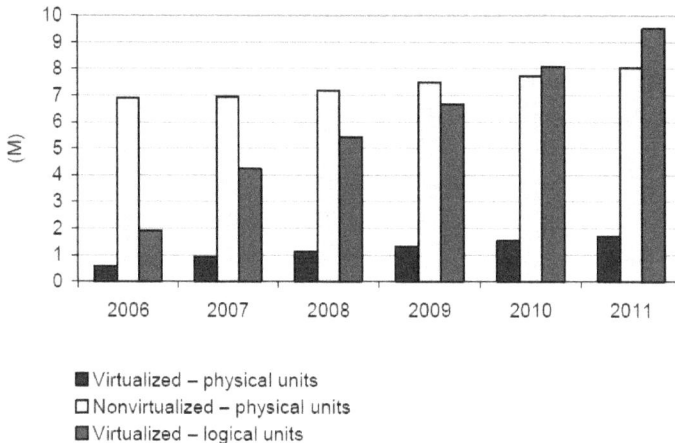

■ Virtualized – physical units
☐ Nonvirtualized – physical units
■ Virtualized – logical units

Abbildung 6. Entwicklung virtualisierte versus nicht virtualisierte Server[42].

Im Wesentlichen gibt es vier Treiber für Virtualisierungslösungen im Rechen-zentrum:

- Geringe Auslastung von Hardwareressourcen
- Hardwareressourcen benötigen zu viel Platz
- Steigende Energiekosten
- Steigende Administrations- und Betriebskosten

Nicht selten kommt es vor, dass im Klinischen Rechenzentrum für jede Anwen-dung ein eigener Server vorgesehen wird. Aus Gründen der Ausfallsicherheit werden dazu bei geschäftskritischen Anwendungen Server redundant ausge-führt bzw. für Test- und Entwicklungssysteme, ergänzend zur Produktivumge-bung, weitere Server angeschafft. Dabei laufen die Serversysteme oft mit nur 10 bis 20% Auslastung, bei modernen Multi-Core-Prozessoren, also Prozesso-ren mit mehreren Rechenkernen, wirkt sich dies noch deutlicher aus und viele

---

[42] Abbildung entnommen aus: Cayton, Ken (2008): Choosing the Right Hardware for Server Virtualization, Framingham, S.7. http://virtualizationconversation.com/wp-content/uploads/2009/02/idcchoosingvirthardware.pdf [Abruf: 03.05.2010]

Systeme sind weitestgehend unausgenutzt. Wesentlich ist es, zur Beurteilung der aktuellen Situation im Rechenzentrum, aktuelle Auslastungsstatistiken über einen aussagekräftigen Zeitraum heranzuziehen, und so das Potential von Virtualisierungslösungen deutlich zu machen[43].

Weitere Treiber für Virtualisierungslösungen sind das rasante Wachstum der Datenmengen, der steigende Wert der Daten, höhere Performancevorgaben, sowie hohe Verfügbarkeit und lange Aufbewahrungsfristen von Daten im Gesundheitswesen. Diese Entwicklungen wirken sich letzten Endes alle auf eine starke Zunahme der Netzwerk-, Server- und Storagesysteme und des damit verbunden erhöhten Platzbedarfs im Klinischen Rechenzentrum aus. Ein Ansatz, nämlich diesem Trend durch höhere Packungsdichten bei Serversystemen (z.B. durch Blade-Systeme) entgegenzuwirken, schafft ohne den zusätzlichen Einsatz von Virtualisierungslösungen kaum Abhilfe. Im Gegenteil, ein unkontrollierter Einsatz von Blade-Systemen, kann durch die Bildung sogenannter „Hot-Spots" im Rechenzentrum einen Wärmestau verursachen und die Stabilität der gesamten Rechenzentrumsinfrastruktur gefährden.

Neben der Zunahme an Verbrauchern und des damit verbundenen steigenden Energiebedarfs im Rechenzentrum steigen auch die Strompreise weltweit. In Deutschland hat sich der Strompreis zwischen den Jahren 2000 und 2007 fast verdoppelt. In Anbetracht des weltweit steigenden Energiebedarfs und der hohen Auslastung der Stromerzeugungskapazitäten, ist mittel- und voraussichtlich auch langfristig mit einem weiteren Anstieg der Strompreise zu rechnen[44].

Zusätzlich zum steigenden Strompreis tragen auch, der zur Administration eines komplexen Rechenzentrums erhöhte Personalaufwand, sowie der Einsatz zahlreicher Management-Plattformen und Werkzeuge, zur ansteigenden Entwicklung der Betriebskosten eines Rechenzentrums bei. Dieser negativen Kostenentwicklung kann mit einer nachhaltigen Virtualisierungsstrategie deutlich entgegengewirkt werden.

---

[43] Vgl. Preußer, Jacqueline (2007), S.27
[44] Vgl. Preußer, Jacqueline (2007), S.14

Nachdem Virtualisierung als IT-Basisinfrastrukturtechnik inzwischen als produktionstauglich bewertet werden kann, nehmen die zusätzlichen Funktionalitäten einer Virtualisierungslösung einen hohen Stellenwert ein. Dabei spielen Funktionalitäten, die Hochverfügbarkeit bereitstellen, Lastverteilungsmechanismen implementieren oder Sicherungs- und Wiederherstellungsverfahren integriert haben, eine wichtige Rolle[45].

2.2.5 MANAGEMENT- UND MONITORINGSYSTEME

Nahezu alle Prozesse eines Unternehmens sind heute IT-gestützt. Kein Unternehmen kann sich einen Ausfall zentraler IT-Komponenten über einen längeren Zeitraum leisten. Gleichzeitig wächst die Komplexität der IT-Landschaften in einem Unternehmen ständig. Folglich geht es darum, mit Unterstützung von pro-aktiven Management- und Monitoringsystemen, IT-Systeme einfach und sicher zu administrieren und die Entwicklung von Störfällen so rechtzeitig zu erkennen, dass sie bereits im Ansatz vermieden werden können.

Oftmals finden sich in komplexen IT-Landschaften unzählige verschiedene Administrations-, Überwachungs- und Analysewerkzeuge für unterschiedliche Fachbereiche, welche die Komplexität durch zahlreiche Schnittstellen und Subsysteme weiter erhöhen, anstatt diese zu reduzieren.

Um moderne IT-Systeme, einfach und zuverlässig zu administrieren und zu überwachen, bedarf es einer ganzheitlichen Management- und Überwachungslösung, welche ein einfaches Bedienen der IT-Systemkomponenten und einen umfassenden Einblick in den aktuellen Systemstatus ermöglicht, sowie pro-aktiv informiert und alarmiert.

Moderne Lösungen vereinen Management- und Überwachungsdienste für verschiedenste Netzwerk- und Systemdienste unter einem sogenannten „Umbrella"-Management. Solche Plattformen erlauben es den IT-Systemadministratoren Netzwerk-, Server-, Speicher- und Virtualisierungs-

---

[45] Vgl. Balmes, Frank (2008), S.98

systeme auf einem gemeinsamen System effizient zu verwalten. Dabei ist das Ziel, die erforderlichen Managementsysteme zu konsolidieren und eine über alle IT-Disziplinen abgestimmte Konfiguration und Verwaltung der Systeme zu ermöglichen. Durch standardisierte Programmschnittstellen können bereits bestehende Anwendungen eingebunden werden.

Ein umfassendes Management- und Überwachungssystem beinhaltet neben einem Konfigurations- und Überwachungsmanagement Funktionalitäten für Trenderkennung, Reporterstellung, Statistiken Inventarisierung, Auditierung, Fehlersuche, Alarmierung und Eskalation. Darüber hinaus ermöglichen mandantenfähige Systeme, Administratoren aus unterschiedlichen Fachbereichen, rollenbasiert zu berechtigen. Auf diese Weise können Systembetreuer sicher auf einer Managementplattform vereint werden. Das Risiko für Fehlkonfigurationen kann dadurch deutlich reduziert werden. Durch Best-Practice-Anleitungen, sowie modernen Kollaborationswerkzeugen, kann die Zusammenarbeit der Fachbereiche, sowie die Qualität bei Konfigurationen und Fehlersuche zusätzlich verbessert werden[46].

Im Klinischen Rechenzentrum müssen neben den IT-Systemen auch Infrastrukturkomponenten, wie USV- oder Klimasysteme, sowie allgemeine Umgebungsparameter, wie Temperatur oder Luftfeuchtigkeit, überwacht werden. Da die Verfügbarkeit der IT-Systeme direkt vom Funktionieren der haustechnischen Anlagen abhängt, sollten diese Anlagen in die Überwachung eingebunden werden. Darüber hinaus ist es wesentlich, für die Planung von Ressourcenerweiterungen im Klinischen Rechenzentrum, stets aktuelle Temperatur- und Leistungsdaten als Planungsgrundlage zur Verfügung zu haben.

Eine übersichtliche Form der Darstellung von Monitoring-Informationen ist die grafische Aufbereitung. Informationen können so schnell erkannt werden und

---

[46] Vgl. X-Tention IT GmbH (2010): Systemmonitoring, Wels.
http://www.x-tenti-on.at/xtinternet/page/422989531185131537_425548897377517531_562926321697748676,de.html [Abruf: 03.05.2010]

bieten Mitarbeitern im 1st-Level-Support, auf einfache und übersichtliche Art und Weise die Möglichkeit, Aussagen über den Zustand der Systeme zu treffen.

Für den 2nd-Level-Support und die System-Spezialisten sind die grafisch aufbereiteten Daten zu wenig detailliert. Sie benötigen für Konfiguration, Fehlererkennung und Ursachenforschung eine präzisere Darstellung über technische Detailinformationen.

Sobald ein System oder ein Dienst einen definierten kritischen Wert erreicht hat, oder diese nicht mehr verfügbar sind, alarmiert die Monitoring-Lösung die definierten Kontaktpersonen über beliebige Kanäle (z.B. SMS, E-Mail, etc.). Bei der Überwachung von Diensten und Systemen können untereinander beste-hende Abhängigkeiten berück-sichtigt werden. Wird etwa die Erreichbarkeit einer zentralen Netzwerkkomponente, sowie der dahinter betriebenen Server überwacht, so werden bei einem Ausfall der Netzwerkkomponente die Meldun-gen über die einzelnen nicht mehr verfügbaren Systeme unterdrückt. Darüber hinaus besteht die Möglichkeit ein Eskalationsmanagement zu implementieren und umfassend und detailliert zu definieren, in welcher Reihenfolge Informatio-nen und Alarme an weitere Kontaktpersonen gesendet werden sollen, wenn eine Störung nach den ersten Meldungen nicht behoben wurde.

Durch das kontinuierliche Monitoring der IT-Systeme und der daraus resultie-renden verkürzten Fehlersuche bzw. Fehlervermeidung, führt Monitoring zu einer signifikanten Erhöhung der Verfügbarkeit und der Qualität von IT-Lösungen und Geschäftsprozessen[47].

Daten, die im Zuge der Überwachung zentral empfangen und aufbereitet werden, können automatisiert und in definierten Zeitabständen in Reports gefasst und somit dokumentiert werden. Diese geben Auskunft über die Quanti-tät und Qualität von relevanten System- und Leistungs-parametern über einen definierten Zeitraum. Die erstellten Reports können unter anderem die Grundla-

---

[47] Vgl. Litke, Sven (2009), S.8

ge für Managemententscheidungen, langfristig und strategische Planung, Kennzahlensysteme, sowie für die Berechnung von SLA's sein.

Wie in vielen anderen Bereichen ist es auch im Bereich Monitoring wichtig, aktuelle Trends am Markt zu beobachten, um diese mitunter bei der Entscheidungsfindung und der Auswahl von geeigneten Systemen mit einzubeziehen. Dabei zeigt der in Abbildung 7 dargestellte Gartner Hype-Cycle, welche Phasen der öffentlichen Aufmerksamkeit, Technologien im Bereich IT-Operations-Management bei deren Einführung durchlaufen. Nach anfänglichen oft übertriebenem Enthusiasmus, unrealistischen Erwartungen und Enttäuschungen entsteht zunehmend ein Verständnis für die Vorteile, die praktische Umsetzung, aber auch für die Grenzen der neuen Technologie und erreicht ein Plateau der Produktivität, wenn die Vorteile allgemein anerkannt und akzeptiert werden.

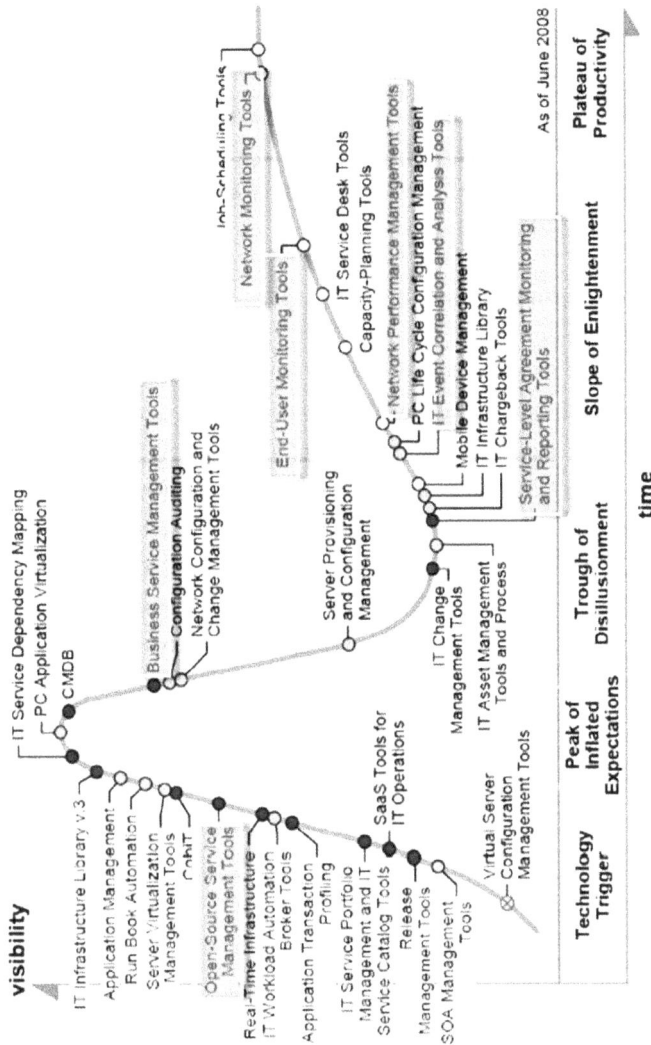

Abbildung 7. Trends im IT-Systemmanagement- und Monitoring[48].

---

[48] Abbildung entnommen aus: Litke, Sven (2009), S.9

Deutlich zu erkennen ist dabei, dass sich im Bereich Management und Überwachung Netzwerk-Monitoring-, End-User-Monitoring- und Netzwerk-Performance-Management-Werkzeuge bereits erfolgreich am Markt etabliert haben und durch kontinuierliche Verbesserung und Weiterentwicklung zunehmend an Bedeutung gewinnen. Tools im Bereich Event-Correlation und Analyse sowie SLA-Monitoring hinken doch recht deutlich hinterher, werden aber mittelfristig ebenfalls an Aufmerksamkeit gewinnen.

Ein stabiles und ganzheitliches Systemmanagement- und Monitoring ermöglicht bei konsequenter Anwendung eine massive Verbesserung beim Betrieb von IT-Systemen. Durch Erhöhung der Produktivität und Vermeidung von Ausfallzeiten von Systemen kann so die Qualität, die Betriebssicherheit und die Anwenderzufriedenheit deutlich gesteigert werden. Darüber hinaus dient das Monitoring als Instrument für die Planung von anstehenden Investitionen, sowie für langfristige und strategische Planungen. Aussagekräftige Reports können Trendfolgen aufzeigen und somit als Argumentationsgrundlage für notwendige Systemerweiterungen bzw. den Einsatz neuer Technologien herangezogen werden. Alles in allem sind moderne Management- und Monitoringsysteme im Klinischen Rechenzentrum Augen und Ohren im täglichen IT-Alltag, ohne die ein effizienter und stabiler Betrieb nicht möglich wäre.

3 CISCO UNIFIED COMPUTING SYSTEM

Betrachtet man die Bruchstück-Situation, die in vielen Rechenzentren vor-
herrscht, dann ist im IT-Markt eine Lücke gegeben. Es braucht System-
Anbieter, welche die Bruchstücke zusammenfassen und als geschlossene
Lösung liefern, so dass nicht die IT-Anwender die „Bastelarbeit" zu leisten
haben[49].

An diesem Punkt setzt das Cisco UCS an, welches im Hinblick auf Einfachheit,
Betriebssicherheit und Kosteneffizienz, unter Berücksichtigung von Industrie-
standards, eine stabile und leistungsfähige Gesamtlösung für das Klinische
Rechenzentrum bietet.

Cisco ist ein US-amerikanisches Telekommunikationsunternehmen, welches
vor allem durch seine Router bekannt wurde, die einen großen Teil der weltwei-
ten Infrastruktur für Internet und Weitverkehrsnetze darstellen. Cisco's umfang-
reiches Produktportfolio beinhaltet Komponenten und Lösungen für die Bereiche Netzwerk, Server, Security und Kollaboration.

Abbildung 8 zeigt, dass das UCS die Elemente Netzwerk, Computing und
Storage, sowie Virtualisierung zu einem abgestimmten, effizienten und skalierbaren IT-System vereint.

---

[49] Vgl. Suppan, Jürgen, in: Der Netzwerk Insider (Februar 2009), S. 3

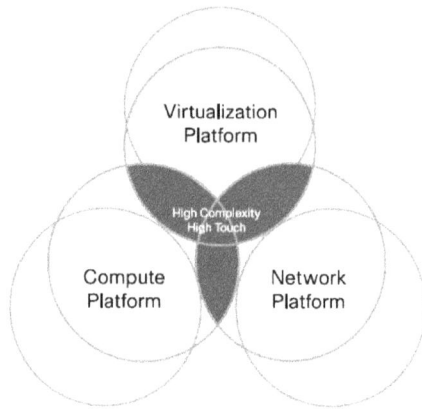

Abbildung 8. Verbindende Elemente des Cisco UCS[50].

Die Investmentbank Goldman Sachs veröffentlichte im Mai 2009 die Studie „The CIO view of the data center over the next 2-3 years" aus der Reihe „Data Center Techntonics". In dieser Studie wurden 100 IT-Leiter von Fortune 1000 Unternehmen befragt, welche Auswirkung die nächste Virtualisierungswelle, sowie der Eintritt von Cisco Systems in den 50 Milliarden Dollar Server Markt weltweit, auf die Rechenzentrumsinfrastruktur in den nächsten 2 bis 3 Jahren hat. Das Ergebnis der Studie viel für Cisco's UC Strategie und den Eintritt in den Servermarkt erstaunlich positiv aus und zeigte sich in 3 Schlüsselresultaten:

1. Nahezu 90% der Befragten erwarten, dass in den nächsten 2 bis 3 Jahren Cisco Server in ihren Rechenzentren zunehmen
2. 18% der Befragten planen Cisco's UCS in den nächsten 12 Monaten zu evaluieren

---

[50] Abbildung entnommen aus: Cisco Systems, Inc. (2009): Unified Computing Overview – White Paper, San Jose, S.3.
http://www.ciscosistemas.org/en/US/solutions/collateral/ns340/ns517/ns224/ns944/white_paper _c11-522754.pdf [Abruf: 03.05.2010]

3. Nur 20% der Befragten wiesen darauf hin, dass sie mit ihren derzeitigen Serverherstellern zufrieden sind und deswegen das Cisco UCS nicht evaluieren werden[51].

Abbildung 9 zeigt, dass für beinahe 40% der Befragten, die beabsichtigen das Cisco UCS zu evaluieren, Funktionen und Leistung für eine Kaufentscheidung ausschlaggebend sind. Darüber hinaus sehen fast ein Viertel der Studienteilnehmer die Herstellerkonsolidierung, sowie die

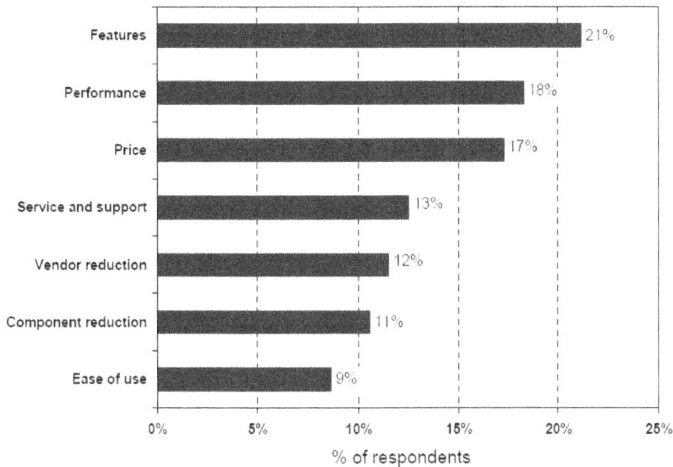

Abbildung 9. Anforderungen an das Cisco UCS[52].

Reduktion der Komponenten als Beweggrund für den Einsatz der neuen Cisco Plattform. Bemerkenswert ist dabei vor allem, dass nur 17% der Befragten den Preis als Schlüsselfaktor bei einer Kaufentscheidung sehen.

---

[51] Vgl. Bailey, David C. / Jankowski, Simona / Park, Min / Friar Sarah / Ringham, Derek R., in: Goldman Sachs Data Center Techtonics (Mai 2009), S. 5
[52] Abbildung entnommen aus: Bailey, David C. / Jankowski, Simona / Park, Min / Friar Sarah / Ringham, Derek R., in: Goldman Sachs Data Center Techtonics (Mai 2009), S. 5

Das Cisco UCS ist ein Ansatz um die Einschränkungen, die in bestehenden Serverumgebungen vorherrschen, zu eliminieren oder zumindest zu reduzieren. Cisco's Definition zu UC ist folgende:

„Unified Computing unifies network virtualization, storage virtualization, and server virtualization into one, within open industry standard technologies and with the network as the platform[53].“

UCS ist eine skalierbare Rechenplattform die auf dem ursprünglichen Aggregationspunkt basiert, der in jedem Rechenzentrum existiert: dem Netzwerk. Wesentlicher Bestandteil des UCS sind dabei die sogenannten „Fabric Interconnects", welche eine Vielzahl an Blade-Server-Chassis über eine konvergente und hoch performante Netzwerkinfrastruktur zusammen-führen. Insgesamt kann ein UCS 40 solcher Chassis einbinden, was bei 8 Blade-Servern pro Chassis in Summe 320 Server ergibt. Verglichen mit herkömmlichen Blade-Servern, reduziert diese innovative Architektur unnötige Switches, Adapter und Management-Module. Das System benötigt laut Hersteller ein Drittel weniger Infrastruktur-Komponenten als herkömmliche Blade-Server. Dies bedeutet eine deutliche Reduktion des Verbrauchs für Stromversorgung und Kühlung der Systeme, sowie der notwendigen Management-Plattformen[54].

Abbildung 10 zeigt eine Übersicht der Systembausteine des Cisco UCS, die nachfolgend detailliert beschrieben werden.

---

[53] Vgl. Gai, Silvano / Salli, Tommi / Andersson, Roger (2009), S.41
[54] Vgl. Gai, Silvano / Salli, Tommi / Andersson, Roger (2009), S.42

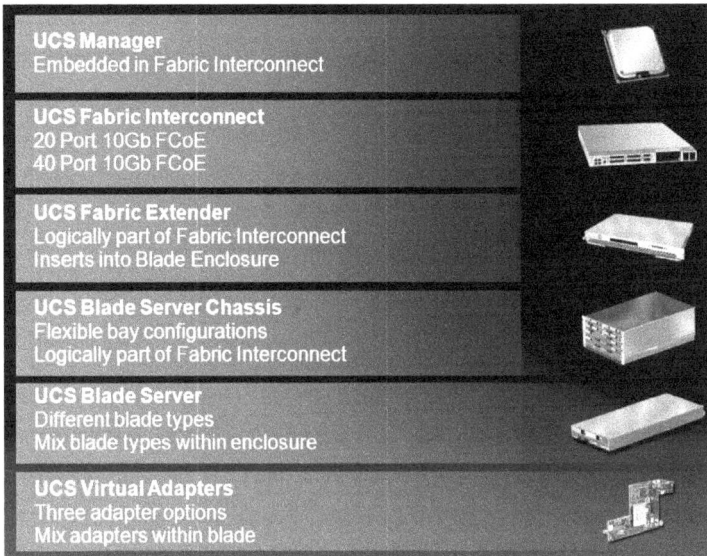

UCS Manager
Embedded in Fabric Interconnect

UCS Fabric Interconnect
20 Port 10Gb FCoE
40 Port 10Gb FCoE

UCS Fabric Extender
Logically part of Fabric Interconnect
Inserts into Blade Enclosure

UCS Blade Server Chassis
Flexible bay configurations
Logically part of Fabric Interconnect

UCS Blade Server
Different blade types
Mix blade types within enclosure

UCS Virtual Adapters
Three adapter options
Mix adapters within blade

Abbildung 10. Systembausteine des Cisco UCS[55].

3.1 UCS MANAGER

Die UCS Management Software fasst die einzelnen Komponenten des UCS zu einer Einheit zusammen und ist in den UCS Fabric Interconnect integriert. Mit dem UCS Manager können alle Komponenten des UCS zentral mittels GUI und CLI konfiguriert und verwaltet werden. Über eine rollenbasierende Zugriffssteuerung können Administratoren unterschiedlicher Fachbereiche (Netzwerk, Server, Storage), ihrem Verantwortungsbereich entsprechend, gezielt berechtigt werden und können so ein und dasselbe Managementsystem verwenden. Rechnersysteme können mit dem UCS Manager, ohne zeitintensive Koordination zwischen den einzelnen IT-Disziplinen, zeitnah mittels definierten Service-Profilen bereitgestellt werden. Auf diese Weise können bis zu 320 Blade-Server, mit mehreren tausend virtuellen Servern, sicher und effizient, von zentraler Stelle aus, administriert werden. Der UCS Manager bietet jedoch nicht

---

[55] Vgl. Ullrich, Hans-Peter (2009), S.17

nur Funktionalitäten für die Bereitstellung von Ressourcen an, sondern unterstützt auch bei Inventarisierung, Statistiken, Fehlersuche, Überwachung, Alarmierung, Auditierung und Konfiguration von bereits installierten Geräten. Durch eine XML-basierte Programmierschnittstelle ist es einfach möglich weitere Anwendungen in den UCS Manager einzubinden, beispielsweise für die Bereitstellung von virtuellen Maschinen oder Betriebssystemen[56].

3.2 UCS FABRIC INTERCONNECT

Der Fabric Interconnect ist das Kernstück des Cisco UCS und zielt durch eine redundante Ausführung auf Umgebungen mit Hochverfügbarkeitsanforderungen ab. Der UCS Fabric Interconnect verbindet sowohl die UCS-Systemkomponenten untereinander, als auch das UCS mit den Netzwerk- und Storage-Kernsystemen im Rechenzentrum. Im Unterschied zu herkömmlichen Rackmount- oder Bladeserver-Chassis, werden beim UCS die Uplinks nicht von jedem einzelnen Server oder Chassis redundant zu den Kernsystemen ausgeführt, sondern einmal von zentraler Stelle aus für eine Vielzahl an UCS Bladeserver-Chassis.

Die UCS Fabric Interconnects der Serie 6100 sind mit verlustfreien 10GE-Switches ausgestattet, die DCB, sowie FCoE unterstützen und die Basis für eine I/O-Konsolidierung auf Systemebene bilden. Wie in Abbildung 11 ersichtlich, verfügen die Fabric Interconnects über eine sogenannte „Unified Fabric", welche die Blade-Server des Systems mit 10GE- und FCoE-Verbindungen, sowie die Netzwerk- und Storage-Kernsysteme über flexible 10GE- bzw. 1/2/4Gbps-FC-Verbindungen miteinander vernetzt. Darüber hinaus verfügen die Fabric Interconnects über ein „front-to-back cooling", redundante Lüfter und Netzteile an der Vorderseite, sowie ein Anschlusssystem auf der Rückseite, was eine effiziente Kühlung und Wartung ermöglicht. Das System ist somit für

---

[56] Vgl. Cisco Systems, Inc. (2009): Cisco UCS Manager – End-to-End Management for the Cisco Unified Computing System, San Jose, S.3.
http://www.cisco.com/en/US/solutions/collateral/ns340/ns517/ns224/ns944/at_a_glance_c45-522983.pdf [Abruf: 03.05.2010]

die Verwendung bei Warm-/Kaltgangkonzepten im Rechenzentrum bestens geeignet. Dabei werden Systemschränke im Rechenzentrum mit einem Kalt-gang, für die Kühlung der Systeme an der Vorderseite, und einem Warmgang, für die Abführung der Wärme an der Systemrückseite versorgt[57].

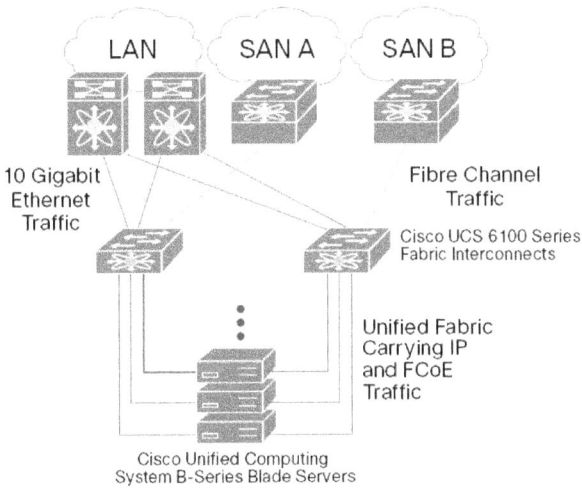

Abbildung 11. Vernetzungsübersicht des Cisco UCS[58].

Die UCS Fabric Interconnects der Serie 6100 sind in 2 Produktvarianten verfügbar. Der UCS 6120XP 20-Port Fabric Interconnect beansprucht eine Höheneinheit im Rack und verfügt über folgende Leistungsmerkmale:

- 20 fixe 10GE und FCoE Small Form-Factor Pluggable Plus (SFP+) An-schlussports

- 520 Gigabit pro Sekunde (Gbps) Datendurchsatz

---

[57] Vgl. Cisco Systems, Inc. (2010): Cisco UCS 6100 Series Fabric Interconnects – Introduction, San Jose.
http://www.cisco.com/en/US/products/ps10276/index.html [Abruf: 03.05.2010]
[58] Abbildung entnommen aus: Cisco Systems, Inc. (2009): Cisco Unified Computing System: Architecture for Implementing the Next Phase in an Industry Transition. Solution Overview, San Jose, S.12.
http://www.cisco.com/en/US/prod/collateral/ps10265/ps10281/solution_overview_c22-522771.pdf [Abruf: 03.05.2010]

- Erweiterungsslot für bis zu acht FC Ports oder bis zu sechs 10GE Ports mit SFP+ Anschlüssen
- unterstützt bis zu 160 Blade-Server bzw. bis zu 20 Blade-Server-Chassis, umgesetzt als ein nahtloses System[59]

Der UCS 6140XP 40-Port Fabric Interconnect beansprucht zwei Höheneinheiten im Rack und verfügt über die doppelte Anzahl an 10GE und FCoE Anschlussports, 1,04 Terabit pro Sekunde (Tbps) Datendurchsatz, zwei Erweiterungsslots und unterstützt bis zu 320 Blade-Server bzw. bis zu 40 Blade-Server-Chassis[60].

Die UCS Fabric Interconnects unterstützen DCB-Features. Diese verbessern das Management und die Performance individueller Datenströme über eine vereinheitlichte Netzwerkverbindung. Das nach IEEE 802.1Qbb standardisierte PFC ermöglicht das Management separater Datenströme, sodass beispielsweise für Storage-Daten eine Datenklasse für verlustlose Übertragung definiert werden kann. Das nach IEEE 802.1Qaz standardisierte ETS sorgt für die Zuordnung der Übertragungsbandbreite zu den Datenklassen, um beispielsweise Storage-Daten eine definierte Bandbreite zuweisen zu können. Diese Features verbessern das Management von FCoE und iSCSI Protokollen[61].

Die UCS Fabric Interconnects unterstützen eine, im Sinne der Effizienz und Zukunftssicherheit, optimierte Verkabelungsstrategie. Über 10GE SFP+ Kupferkabel können die zahlreichen Blade-Server, die sich in unmittelbarer Reichweite zu den Fabric Interconnects befinden, kostengünstig verbunden werden. Für größere Distanzen, wie z.B. rechenzentrumsübergreifende Verbindungen,

---

[59] Vgl. Cisco Systems, Inc. (2010): Cisco UCS 6120XP 20-Port Fabric Interconnect – Introduction, San Jose.
http://www.cisco.com/en/US/products/ps10301/index.html [Abruf: 03.05.2010]
[60] Vgl. Cisco Systems, Inc. (2010): Cisco UCS 6140XP 40-Port Fabric Interconnect – Introduction, San Jose.
http://www.cisco.com/en/US/products/ps10302/index.html [Abruf: 03.05.2010]
[61] Vgl. Cisco Systems, Inc. (2009): Cisco Unified Computing System: Architecture for Implementing the Next Phase in an Industry Transition. Solution Overview, San Jose, S.12.
http://www.cisco.com/en/US/prod/collateral/ps10265/ps10281/solution_overview_c22-522771.pdf [Abruf: 03.05.2010]

werden 10GE SFP+ Module für Glasfaserkabeln verwendet. Glasfaserkabel sind wiederum hinsichtlich Investitionsschutz die bessere Wahl, zudem Weiterentwicklungen bei Übertragungsbandbreiten fast immer zuerst Glasfasertechnik unterstützen. Somit haben Glasfaserverkabelungen im Hinblick auf zukünftige Übertragungsgeschwindigkeiten für LAN und SAN einen Vorteil.

3.3 UCS FABRIC EXTENDER

Der UCS 2104XP Fabric Extender ist eine Erweiterungseinheit des UCS Fabric Interconnect und verbindet diesen mit dem UCS Blade-Server-Chassis über bis zu vier mögliche 10GE-Verbindungen. Pro Blade-Server-Chassis sind im Hinblick auf Redundanz, Performance und Skalierbarkeit 2 UCS Fabric Extender vorgesehen. Durch diese einfache Erweiterung des UCS Fabric Interconnect werden Management und Diagnose wesentlich vereinfacht.

Der UCS Fabric Extender verwendet eine Multiplex-Technologie und leitet den Datenverkehr zwischen Blade-Server und Fabric-Interconnect über eine Cut-Through-Architektur weiter. Pro Blade-Server-Chassis können zwei Fabric Extender bestückt werden, wobei jeder davon acht 10GBASE-KR Verbindungen zur Busplatine des Blade-Chassis hat. Somit ist jeder der acht Slots pro Blade-Chassis mit den beiden Fabric Extendern verbunden. Diese Konfiguration erlaubt jedem der acht möglichen „half-width" Blade-Servern pro Chassis eine redundante 10GE-Anbindung an beide Fabric Extender[62].

Abbildung 12 zeigt den Schaltkreis und somit das Kernstück des Fabric Extender. Der Datenverkehr der acht 10GBASE-KR Anschlüsse wird über einen Mehrfachkoppler zu den vier 10GE-Anschlüssen geschalten.

---

[62] Vgl. Cisco Systems, Inc. (2009): Cisco Unified Computing System: Architecture for Implementing the Next Phase in an Industry Transition. Solution Overview, San Jose, S.13. http://www.cisco.com/en/US/prod/collateral/ps10265/ps10281/solution_overview_c22-522771.pdf [Abruf: 03.05.2010]

Up to 4X 10-Gbps Unified Fabric Uplinks
to Cisco UCS 6100 Series Fabric Interconnect

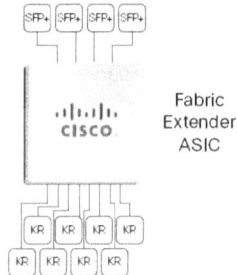

Abbildung 12. Schaltkreis des UCS Fabric Extender[63].

Auf diese Weise kann jeder Blade-Server ausfallsicher und performant an die Netzwerk- und Storage-Ressourcen im Rechenzentrum angebunden werden.

3.4 UCS BLADE SERVER CHASSIS

Das Cisco UCS U5108 Blade-Server-Gehäuse ist sechs 19-Zoll Höheneinheiten hoch. Pro Serverrack mit 42 Höheneinheiten können somit bis zu sieben UCS Blade-Server-Chassis, mit einem Fassungsvermögen von bis zu 56 Blade-Servern, installiert werden.

---

[63] Abbildung entnommen aus: Cisco Systems, Inc. (2009): Cisco Unified Computing System: Architecture for Implementing the Next Phase in an Industry Transition. Solution Overview, San Jose, S.14.
http://www.cisco.com/en/US/prod/collateral/ps10265/ps10281/solution_overview_c22-522771.pdf [Abruf: 03.05.2010]

Chassis Front Panel

Half-Width Blade Servers

Full-Width Blade Servers

2500W Power Supplies (4)

Chassis Back Panel

Fans (8)

Fabric Extenders (2)

Power Inlets (4)

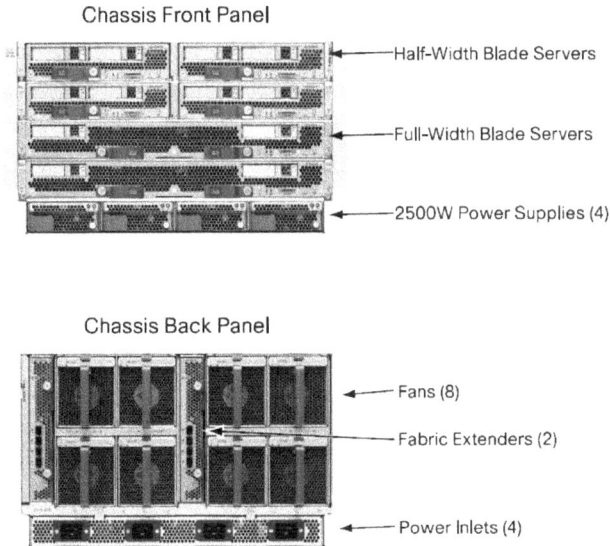

Abbildung 13. Übersicht UCS Blade Server Chassis[64].

Wie in Abbildung 13 ersichtlich, umfasst das Gehäuse folgende fünf Basiskomponenten:

- Gehäuse mit passiver Busplatine und aktiver Umgebungs-überwachung
- Vier Netzteile-Schächte mit Stromsteckern auf der Gehäuserückseite, redundanztaugliche Netzteile (hot-swappable) an der Gehäusevorderseite
- Acht Lüfter-Einsätze (hot-swappable), jeder mit zwei Lüfter, von der Gehäuserückseite zugänglich
- Zwei Fabric Extender Slots auf der Gehäuserückseite
- Acht Blade-Server Slots auf der Gehäusevorderseite[65]

---

[64] Abbildung entnommen aus: Cisco Systems, Inc. (2009): Cisco Unified Computing System: Architecture for Implementing the Next Phase in an Industry Transition. Solution Overview, San Jose, S.16.
http://www.cisco.com/en/US/prod/collateral/ps10265/ps10281/solution_overview_c22-522771.pdf [Abruf: 03.05.2010]

Das Gehäuse ist mit abnehmbaren Trenneinheiten flexibel gestaltet und unterstützt somit zwei Formfaktoren. Das UCS Blade-Server-Chassis kann bis zu 8 „Half-Width" Blade-Server und bis zu 4 „Full-Width" Blade-Server unterbringen, wobei die „Full-Width" Server, im Unterschied zu den kleineren „Half-Width" Servern, vier anstelle von zwei 10GBASE-KR Verbindungen zu den Fabric Extender Slots haben, also zwei Verbindungen zu jedem Fabric Extender.

Das UCS 5108 Blade-Server-Chassis wurde per Design drastisch vereinfacht und hinsichtlich Energieeffizienz und Performance optimiert. Das Gehäuse ist, ebenso wie die Fabric Extender, logischer Bestandteil der UCS Fabric Interconnects und wird zentral über den UCS Manager verwaltet. Das UCS 5108 Blade-Server-Chassis wurde so konstruiert, dass es sowohl derzeitigen Anforderungen für die leistungsstärksten Prozessoren mit x86-Architektur genügt, als auch Reserven für zukünftige Entwicklungen von noch performanteren Prozessor- und Netzwerk-Technologien vorsieht. Durch das vereinfachte Design, wird eine optimale Kühlung der Systemkomponenten und eine leistungsstarke Strom-versorgung über vier redundante 2500-Watt Netzteile ermöglicht.

3.5 UCS BLADE SERVER

Die x86-Prozessor-Architektur hat sich aufgrund der breiten Verfügbarkeit, niedrigen Kosten und Software-Unterstützung zum de facto Standard in Rechenzentren etabliert. Alle gängigen Betriebssysteme, Applikationen und Virtualisierungsplattformen werden unterstützt. Die Cisco UCS Blade Server unterstützen diese Architektur und wurden für Kompatibilität, Leistung, Energieeffizienz, großen Arbeitsspeicher, Managebarkeit und vereinte I/O-Verbindungen konzipiert[66].

---

[65] Vgl. Cisco Systems, Inc. (2009): Cisco Unified Computing System: Architecture for Implementing the Next Phase in an Industry Transition. Solution Overview, San Jose, S.15. http://www.cisco.com/en/US/prod/collateral/ps10265/ps10281/solution_overview_c22-522771.pdf [Abruf: 03.05.2010]
[66] Vgl. Gai, Silvano / Salli, Tommi / Andersson, Roger (2009), S.155

Jeder Cisco Blade-Server der B-Serie wurde mit zwei Intel Xeon Multicore Prozessoren der Serie 5500 sowie DDR3 Speichermodulen konstruiert. Intels Xeon Prozessor sorgt für ein Optimum aus Leistung und Energieeffizienz und unterstützt direkte Verbindungen zwischen virtuellen Maschinen und physikalischen I/O-Geräten. Cisco's Blade Server mit patentierter Extended Memory Technologie unterstützen bis zu 384GB pro Server und liefern somit eine optimale Basis für eine Servervirtualisierungsplattform. Cisco bietet folgende beiden Blade-Server Varianten mit den beschriebenen Leistungsmerkmalen an:

UCS B200 M1 Blade Server (Half-Width):

- Bis zu zwei Prozessoren der Intel Xeon 5500 Serie
- Bis zu 96GB DDR3 Hauptspeicher
- Zwei optionale Small Form Factor (SFF) Serial Attached SCSI (SAS) Festplatten verfügbar mit 73GB 15.000 RPM und 146GB 10.000 RPM mit integriertem RAID
- Eine Dual-Port Netzwerkkarte für bis zu 20Gbps I/O pro Blade[67]

UCS B250 M1 Blade Server (Full-Width):

- Prozessoren und Festplatten gleich wie bei UCS B200 M1
- Bis zu 384GB DDR3 Hauptspeicher
- Zwei Dual-Port Netzwerkkarte für bis zu 40Gbps I/O pro Blade[68]

Je Nach Anforderung im Klinischen Rechenzentrum kann somit Rechenleistung, über ein maßgeschneidertes und ganzheitliches IT-System, bereitgestellt werden.

---

[67] Vgl. Cisco Systems, Inc. (2010): Cisco UCS B200 M1 Blade Server – Introduction, San Jose.
http://www.cisco.com/en/US/products/ps10299/index.html [Abruf: 03.05.2010]
[68] Cisco Systems, Inc. (2010): Cisco UCS B250 M1 Extended Memory Blade Server – Introduction, San Jose.
http://www.cisco.com/en/US/products/ps10300/index.html [Abruf: 03.05.2010]

3.6   UCS NETWORK ADAPTERS

Innerhalb des Cisco UCS verläuft der gesamte Netzwerkverkehr (LAN, SAN, Management) zwischen den UCS Fabric Interconnects und den UCS Netzwerk Adaptern über die vereinheitlichte, konvergente Netzwerkinfrastruktur. Dadurch können im Vergleich zu herkömmlichen Serversystemen, bei denen der Daten-verkehr getrennt ausgeführt ist, massive Einsparungen bei Netzwerkkarten, FC-Adaptern und Switches erzielt werden, was sich wiederum positiv auf die Betriebsaufwände auswirkt. Darüber hinaus können durch den Einsatz von 10GE, sowie virtuellen Interfaces, wesentliche Vorteile hinsichtlich Ausfallsi-cherheit und Netzwerkperformance erzielt werden.

Cisco bietet für die UCS Blade-Server drei Varianten von Netzwerk-adaptern an, welche allesamt die folgenden Leistungsmerkmale unterstützen:

- Management und Konfiguration erfolgt über die Cisco UCS Manager Software
- Dual-10GE-Verbindungen zur Busplatine des Blade-Server-Chassis
- Verwendung einer redundanten Konfiguration mit zwei Fabric Extender und zwei Fabric Interconnects
- Unterstützung von FC-Multipathing[69]

Tabelle 1 zeigt eine Gegenüberstellung der drei unterschiedlichen Adapter, wobei der 10GE-Adapter sein Hauptanwendungsfeld bei hohen Leistungen für Ethernet-Netzwerkanbindungen findet. Der Converged Network Adapter hat neben zwei Ethernet-Interfaces auch noch 2 FC-Interfaces und vereint somit den Netzwerk- und FC-Datenverkehr. Die Virtual Interface Card wurde vorran-gig für den Einsatz in Virtualisierungsumgebungen konzeptioniert, wobei 128 dynamische Ethernet- und FC-Interfaces konfiguriert werden können.

---

[69] Vgl. Cisco Systems, Inc. (2009): Cisco UCS B-Series Blade Server Network Adapters, San Jose, S.1.
http://www.cisco.com/en/US/prod/collateral/ps10265/ps10279/at_a_glance_c45-531023.pdf
[Abruf: 03.05.2010]

Tabelle 1. Übersicht UCS Network Adapters[70].

Cisco UCS M81KR Virtual Interface Card	Cisco UCS M71KR Converged Network Adapters	Cisco UCS 82598KR-CI 10 Gigabit Ethernet Adapter
Optimized for virtualization	Compatible with existing drivers	Ideal for efficient, high-performance Ethernet
Total of 128 dynamic, programmable Ethernet and Fibre Channel interfaces	Total of 4 fixed interfaces: 2 Ethernet and 2 Fibre Channel	Total of 2 fixed Ethernet interfaces
Hardware- and/or software-enabled Cisco VN-Link capability	Software-enabled Cisco VN-Link capability	Software-enabled Cisco VN-Link capability
Hardware-enabled Ethernet NIC teaming	Hardware-enabled Ethernet NIC teaming*	Ethernet NIC teaming through software with bonding driver

Darüber hinaus ist in der Tabelle ersichtlich, dass sich die Adapter hinsichtlich der Funktionen für Server-Virtualisierung und Gruppenbildung von Netzwerkkarten unterscheiden.

UCS M81KR Virtual Interface Card:

Abbildung 14 zeigt die Architektur der Virtual Interface Card. Der Adapter unterstützt FCoE, ist für Virtualisierung optimiert und ermöglicht durch 128 konfigurierbare virtuelle Netzwerkadapter eine enorme Flexibilität, sowie eine Konsolidierung von zahlreichen physikalischen Adaptern. Darüber hinaus kann durch ganzheitliche Netzwerk-Policies, bis zum virtuellen Server, die System-Security und Managebarkeit des UCS enorm gesteigert werden.

---

[70] Tabelle entnommen aus: Cisco Systems, Inc. (2009): Cisco UCS B-Series Blade Server Network Adapters, San Jose, S.1.
http://www.cisco.com/en/US/prod/collateral/ps10265/ps10279/at_a_glance_c45-531023.pdf
[Abruf: 03.05.2010]

Cisco UCS M81KR
Virtual Interface Card

10GBASE-KR
Unified Network
Fabric, 1 to Each
Fabric Extender

KR KR

Mezzanine
Card Form
Factor

ılıılı.
CISCO.

0 1 2 3 5   127

128 Programmable
Virtual
Interfaces

Ethernet NICs

Fibre Channel HBAs

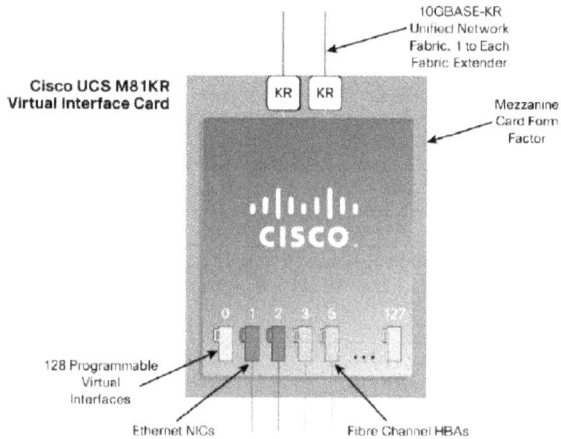

Abbildung 14. Architektur der UCS M81KR Virtual Interface Card[71].

Außerdem ermöglicht der Adapter virtuelle Verbindungen bis zum UCS Fabric Interconnect, wodurch virtuelle Netzwerkkarten in virtuellen Servern mit virtuellen Interfaces im Fabric Interconnect verbunden werden können.

UCS M71KR Converged Network Adapters:

Um die im UCS vereinheitlichte Netzwerkstruktur für das Betriebssystem bzw. den Virtualisierungs-Hypervisor transparent zu machen, werden die UCS Converged Network Adapter benötigt. Diese werden in zwei Ausführungen angeboten, die sich funktional allerdings nicht unter-scheiden. Sowohl der Cisco UCS M71KR-E Emulex, als auch der Cisco UCS M71KR-Q QLogic Adapter sind mit zwei 10GE-Adapter von Intel ausgeführt und unterscheiden sich lediglich durch die eigenen Dual-FC Host Bus Adapter[72].

---

[71] Abbildung entnommen aus: Cisco Systems, Inc. (2010): Cisco UCS M81KR Virtual Interface Card. Data Sheet, San Jose, S.2.
http://www.cisco.com/en/US/products/ps10300/index.html [Abruf: 03.05.2010]
[72] Vgl. Cisco Systems, Inc. (2009): Cisco UCS B-Series Blade Server Network Adapters, San Jose, S.1.

Beim Einsatz von Virtualisierungssoftware auf einem UCS B250 M1 Blade Server, in dem zwei Netzwerkadapter Platz finden, kann beispielsweise ein Steckplatz mit einer Virtual Interface Card versehen werden, um die virtuellen Server mit Netzwerk zu versorgen, der andere mit einem Converged Network Adapter, um den Virtualisierungs-Hypervisor an das Storage-System anzubinden.

UCS 82598KR-CI 10 Gigabit Ethernet Adapter:

Der Adapter verwendet ein Dual-Kanal Intel 10GE-Netzwerkinterface und ermöglicht hoch performante Anbindungen von IP-basierenden Systemen, die beispielsweise über iSCSI-Protokoll kommunizieren.

Durch die unterschiedlichen Varianten an Netzwerk-Adaptern, die innerhalb eines Blade-Server-Chassis beliebig kombiniert werden können, ist es dem Kunden möglich, eine für seine Anforderungen maßgeschneiderte Lösung zu konfigurieren.

---

http://www.cisco.com/en/US/prod/collateral/ps10265/ps10279/at_a_glance_c45-531023.pdf
[Abruf: 03.05.2010]

4 UNIFIED COMPUTING AM BEISPIEL DER KLINIKUM WELS-GRIESKIRCHEN GMBH

4.1 ALLGEMEINES

Im September 2009 führte die X-Tention Informationstechnologie GmbH die weltweit erste UCS-Implementierung im Healthcare-Bereich, in den beiden Rechenzentren der KWG GmbH durch. Das akademische Lehrkrankenhaus KWG ist mit ca. 3.500 Mitarbeitern und rund 1.328 systematisierten Betten das größte Spital in Oberösterreich und repräsentiert derzeit, gemeinsam mit dem IT-Dienstleister X-Tention, Cisco's internationale eHealth-Referenz für die Vernetzung von Krankenanstalten, Pflegeheimen und Arztpraxen[73].

Als Lösung wurde dafür von Cisco und Tiani Spirit die "Medical Data Exchange Solution" (MDES) entwickelt, um einen sicheren und standardisierten Gesundheitsdatenaustausch zu ermöglichen. Tiani Spirit ist ein österreichischer IT-Entwickler, der weltweit eine Vorreiterrolle im Bereich des standardisierten Gesundheitsdatenaustauschs einnimmt.

Mit dem Einsatz von MDES, auf Basis der UCS-Plattform des KWG, erhielt das oberösterreichische IT-Unternehmen X-Tention den begehrten europäischen Cisco Innovation Award 2010, in der Kategorie "Innovativstes Datacenter Projekt des Jahres". X-Tention ist darüber hinaus in zahlreichen vergleichbaren Projekten in Österreich, Deutschland, der Schweiz und in Südafrika mit Cisco aktiv. Das Welser IT-Dienstleistungsunternehmen harmonisiert so die verzweigten und oftmals nicht miteinander kompatiblen Systeme des IT-Bereichs von Krankenhäusern, Alten- und Pflegeheimen und sozialen Einrichtungen, damit diese sich ganz auf Versorgung und Pflege konzentrieren können. Das Leis-

---

[73] Vgl. Klinikum Wels-Grieskirchen GmbH (2010): Allgemeine Information. Klinikum Wels-Grieskirchen, Wels.
http://www.klinikum-wegr.at/ueber-uns/allgemeine-informati-
on/582127231698182011_582613996494371604~582618922553428280_5826189225534282
80,de.html?template=/klinikum/page/ [Abruf: 03.05.2010]

tungsangebot umfasst Beratung, Planung, Projektumsetzung, Betrieb, Softwareentwicklung und Komplettlösungspakete im IT-Bereich.

4.2 MOTIVATION

Im Rahmen der MDES-Entwicklung erhielt X-Tention von Cisco die Möglichkeit, die UCS-Plattform in den Rechenzentren des KWG zu implementieren. X-Tention war somit der erste UCS-Kunde in Europa und konnte die Plattform als Vorreiter im IT-Healthcare-Bereich in Betrieb nehmen und ausführlich testen.

Die rasant steigenden Leistungsanforderungen im KWG hatten zur Folge, dass die bestehenden Rechenzentrumsressourcen, wie Stromversorgung, Klimatisierung oder Rackstellflächen, sehr rasch an ihre physikalischen Grenzen gelangten. Ziel der UCS-Installation war es, diesem Trend entgegenzuwirken und durch Zusammenführung, Verstärkung und Vereinfachung, der verteilten IT-Ressourcen in den Rechenzentren, eine effiziente Plattform, als Basis für eine Konsolidierung im Rechenzentrum, zu schaffen.

Neben Effizienz- und Leistungssteigerung waren die schnelle Bereitstellung neuer Services, das stark vereinfachte Management, einfache Skalierbarkeit, sowie eine Reduktion der Verkabelung Beweggründe für den UCS-Einsatz. Darüber hinaus können, durch die Zusammenführung von Ethernet- und FC-Netzwerken zu einem konvergenten Datacenter-Ethernet, mittelfristig Kosten eingespart werden, zumal die Komponenten für ein eigenes Speichernetzwerk zukünftig nicht mehr erforderlich sind.

X-Tention und Cisco konnten somit dem Kunden eine effiziente, zukunftssichere und kostenoptimierte Lösung für eine ganzheitliche Rechenzentrumsinfrastruktur präsentieren.

4.3 PROJEKTUMSETZUNG

Anfang Juni 2009 präsentierte Cisco die UCS Lösung erstmals bei X-Tention in Wels. Beim anschließenden Workshop wurde von X-Tention, als Rechenzentrumsbetreiber und IT-Dienstleister des KWG, die Ist-Situation der beiden Rechenzentren des KWG dargestellt. Des Weiteren wurden gemeinsam mit Cisco die Vorteile der UCS-Lösung erörtert.

Die Projektverantwortlichen seitens X-Tention sahen sich dabei, durch die radikale Vereinfachung der Strukturen, die das UCS mit sich brachte, weniger einer technischen, als vielmehr einer organisatorischen Herausforderung gegenüber. Durch die Zusammenführung der bisher getrennten Fachbereiche Netzwerk und Systemtechnik, innerhalb der   X-Tention, auf eine gemeinsame Plattform, lag der Schlüssel zum Projekterfolg darin, die Verantwortlichen der Bereiche vom Nutzen der neuen Lösung zu überzeugen und sie vom Fachbereichsdenken, hin zu einem interdisziplinären Denken zu bewegen.

Nachdem diese Hürde gemeistert wurde, konnte kurze Zeit später, gemeinsam mit Cisco ein Integrationskonzept samt Mengengerüst, mit den für eine Teststellung benötigten Komponenten erstellt werden.

Abbildung 15 zeigt eine grafische Darstellung dieses Konzepts. Die Grafik zeigt die bestehenden LAN- und SAN-Komponenten in den beiden Rechenzentren (RZ2 und RZ3), sowie die geplanten UCS-Komponenten. Die Verbindung der Systeme erfolgt über multiple LAN- und SAN-Anbindungen. Das Konzept sieht dabei vor, dass durch den Ausfall einer einzigen Verbindung oder Komponente, die Funktionalität und Leistungsfähigkeit des Gesamtsystems nicht beeinträchtigt wird. Der UCS-Betrieb ist also für höchste Ausfallsicherheit konzipiert.

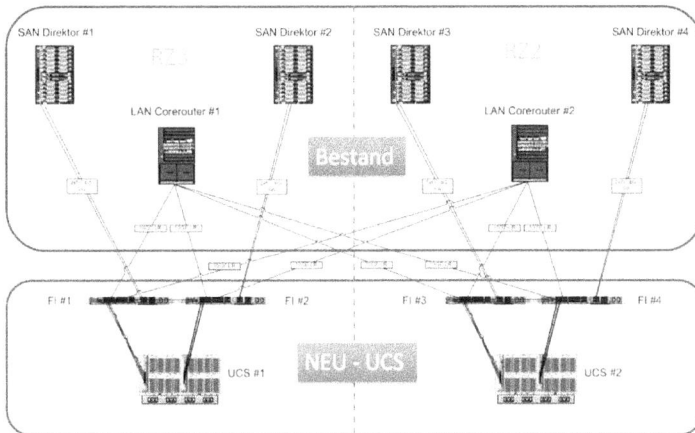

Abbildung 15. Grafische Übersicht UCS-Umsetzungskonzept KWG[74].

Pro Rechenzentrum wurden folgende Komponenten vorgesehen:

- 2Stk. UCS 6120XP 20-Port Fabric Interconnects
- 2Stk. UCS 2104XP Fabric Extender
- 1Stk. UCS U5108 Blade-Server-Chassis
- 4Stk. UCS B200 M1 Blade Server (Half-Width)

Die Anbindung pro Fabric Interconnect erfolgte initial mit zwei 4Gbps-FC-Anbindungen innerhalb des Rechenzentrums und zwei 10GE- Anbindungen Rechenzentrum übergreifend. Pro Fabric Extender wurden vier konvergente 10GE-Verbindungen zum jeweiligen Fabric Interconnect vorgesehen. Als Servervirtualisierungssystem wurde VMware ESX Server in der Version 4.0 gewählt.

Nach erfolgter Bestellung und Lieferung der Systemkomponenten mit Ende August 2009, konnte nach vorbereitendem Einbau der Komponenten, in die beiden Rechenzentren des KWG durch X-Tention, bereits Anfang September

[74] Abbildung entnommen aus: Hintringer, Martin (2009), S.14

2009 ein zweitägiger Integrationsworkshop mit Cisco abgehalten werden. Ziel dabei war, im Rahmen der Partnerschaft zwischen Cisco und X-Tention, einen gegenseitigen Know-How-Transfer im Zuge einer gemeinsamen Systemimplementierung zu erreichen und auf effiziente Art und Weise die Kompetenzen zu bündeln, um so, schnell und qualitätsgesichert, die neue Lösung in Betrieb nehmen zu können.

Nach erfolgreicher Implementierung wurde das System ausführlichen Tests hinsichtlich Bedienbarkeit, Ausfallsicherheit und Leistung unterzogen. Dabei wurden Redundanzen bei Stromversorgung, Netzwerk- und Storageanbindung, Anbindung der Blade-Server und Management getestet. Nach erfolgreicher Absolvierung aller Tests war klar, dass das UCS die hohen Anforderungen des Kunden im Bezug auf Verfügbarkeit und Performance erfüllt und einen effizienten Betrieb ermöglicht. Nach abschließender Projekt- und Betriebsdokumentation, Einbindung in die zentrale Überwachungs- und Alarmierungsplattform, Organisation von Hard- und Software-Serviceverträgen, sowie die Einschulung des Betriebspersonals konnte die UCS-Plattform im Oktober 2009 für den Betrieb von MDES freigegeben werden. Die Testinstallation ging somit nahtlos in eine Produktivumgebung über.

Durch ein professionelles Projektmanagement durch X-Tention konnten Planung, Evaluierung und Inbetriebnahme zeitgerecht, und für den Kunden in gewohnt hoher Qualität, abgewickelt werden.

4.4 TECHNOLOGISCHER UND WIRTSCHAFTLICHER NUTZEN

Folgender Nutzen konnte durch den Einsatz von UCS für das KWG und X-Tention erzielt werden:

- Die bestehende UCS-Plattform unterstützt in ihrer derzeitigen Dimensionierung bis zu neun Blade-Server-Chassis (36 „Full-Width"-Blade-Server). Unter der Annahme, dass pro Blade-Server 384GB Arbeitsspeicher bestückt werden, und ein virtueller Server im Durchschnitt 8GB Arbeitsspeicher benötigt, können im Endausbau 1728 virtuelle Server voll redundant betrieben werden. Da derzeit auf allen bestehenden Server-Systemen in beiden Rechenzentren insgesamt ca. 200 virtuelle Server verwendet werden, ergibt sich eine beachtliche Leistungsreserve. Die bestehenden Serversysteme können somit sukzessive, im Rahmen des Lebenszyklus, auf die neue UCS-Plattform migriert werden.

- Durch die höhere Arbeitsspeicherkapazität des UCS im Vergleich zu herkömmlichen Serversystemen, können somit, bei gleichem Platzbedarf für die Servergehäuse, deutlich mehr virtuelle Server umgesetzt werden. Dadurch kann der rasanten Zunahme an Serverracks im Rechenzentrum stark entgegengewirkt werden.

- Als wesentlicher Vorteil gilt die gute Skalierbarkeit des UCS. Bei Erweiterung eines Blade-Server-Chassis müssen lediglich die UCS Fabric Extender mit den UCS Fabric Interconnects verbunden werden. Auf diese Weise kann eine rasche und einfache Bereitstellung von zusätzlichen Ressourcen erfolgen und ein Optimum aus I/O-Bandbreite, Arbeitsspeicher und Rechenleistung erzielt werden.

- Vor der Einführung des Cisco UCS konnte die Erweiterung von Serversystemen bis zu einem Monat dauern, da Verkabelungsarbeiten für Netzwerkanbindungen oftmals lange Vorlaufzeiten verlangen. UCS-Erweiterungen können nach Lieferung der Komponenten innerhalb weniger Stunden vorgenommen werden.

- Durch die starke Vereinfachung der UCS-Struktur kann im Vergleich zu herkömmlichen Rackmount-Servern, über 80% an Netzwerkverkabelung eingespart werden. Dies bedeutet in Zeiten von steigenden Kupferpreisen, neben der Zeitersparnis bei Inbetriebnahme, vor allem eine Kostenersparnis durch deutliche Reduktion der Verkabelung.

- Durch die effiziente Verkabelung und die energieeffizienten Komponenten des UCS, kann im Vergleich zu bestehenden Blade-Servern, eine dreißigprozentige Leistungsreduktion für Stromversorgung und Kühlung der Systeme erzielt werden.

- Die Bereitstellungszeit von neuen virtuellen Serversystemen konnte durch den Einsatz von UCS Serverprofilen um die Hälfte reduziert werden. Anstelle eines ganzen Tages kann dies nun in wenigen Stunden erledigt werden. Durch das zentrale UCS Management konnte zudem die Anzahl der benötigten Management-Plattformen deutlich reduziert werden[75].

Elmar Flamme, CIO des KWG, beschrieb den Nutzen von UCS, im Rahmen eines Cisco-Interviews für eine weltweite Pressemitteilung, folgendermaßen: *„Durch die Kombination des UCS mit unserer bestehenden Cisco MDES-Plattform konnten wir eine direkte Verbesserung der Betreuung unserer Patienten erreichen. Während MDES unseren Service zunächst revolutionierte, indem es alle medizinischen Informationen an allen Standorten unmittelbar zur Verfügung stellte, hebt UCS den Service jetzt auf die nächste Stufe, indem alle Dienste an neuen Standorten schnell und einfach verwaltet werden können, während die Leistung aller Anwendungen signifikant verbessert wird. Außerdem werden die Wartungs- und Lebenszyklus-auffrischungskosten unseres Rechenzentrums signifikant reduziert, und die Dienstleistungserbringung wird viel effizienter[76]."*

All diese Vorteile führen insgesamt zu einer deutlichen Reduktion der Betriebs- und Investitionskosten und zu einer Qualitätsverbesserung bei der Serviceerbringung. X-Tention konnte mit UCS seine Vision für das Rechenzentrum der Zukunft, gemeinsam mit dem KWG und Cisco, in die Tat umsetzen.

---

[75] Vgl. Hintringer, Martin (2010), S.8
[76] Vgl. Cisco Systems Austria GmbH (2010): Cisco Unified Computing System beschleunigt Datenaustausch am Klinikum Wels-Grieskirchen, Wien, S.3.
https://www.cisco.com/web/AT/assets/docs/presse/10_Cisco_PA_UCS_xtention_de_FIN0323.pdf [Abruf: 03.05.2010]

5 NUTZENPOTENTIALE

In diesem Kapitel werden die Vorzüge des Cisco UCS, sowie die daraus resultierenden Nutzenpotentiale für den Einsatz im Klinischen Rechenzentrum im Detail erläutert.

5.1 BASIS FÜR VIRTUALISIERUNG

Bei der Virtualisierung von Rechenzentrumsressourcen ist der Arbeitsspeicher der limitierende Faktor schlechthin. Aus diesem Grund ist die Anzahl an virtuellen Maschinen (VM), die auf einem physischen Server betrieben werden können, oftmals stark begrenzt[77].

Cisco hat diesen limitierenden Faktor frühzeitig erkannt und in die Entwicklung des UCS mit einbezogen. Darüber hinaus wurden im Hinblick auf durchgängige, performante und transparente Virtualisierung im Rechenzentrum Entwicklungen vorgenommen und in die Gesamtlösung integriert. Abbildung 16 stellt die drei Dimensionen, die für die Servervirtualisierung wesentlich sind, grafisch dar. Dabei ist ersichtlich, dass die Anzahl von VM's durch eine Erhöhung der Arbeitsspeicher- (Memory-), Rechen- (CPU-), und Netzwerk- (I/O-) Ressourcen signifikant gesteigert werden kann. Der Einsatz von mehr VM's pro physikalischen Server resultiert in geringeren Betriebskosten, da der Verbrauch für Stromversorgung und Kühlung der Systeme deutlich reduziert werden kann.

---

[77] Vgl. VMware, Inc. (2010): Grundlagen zur Performance in virtualisierten Umgebungen, Unterschleißheim.
http://www.vmware.com/de/technology/performance/overview.html [Abruf: 03.05.2010]

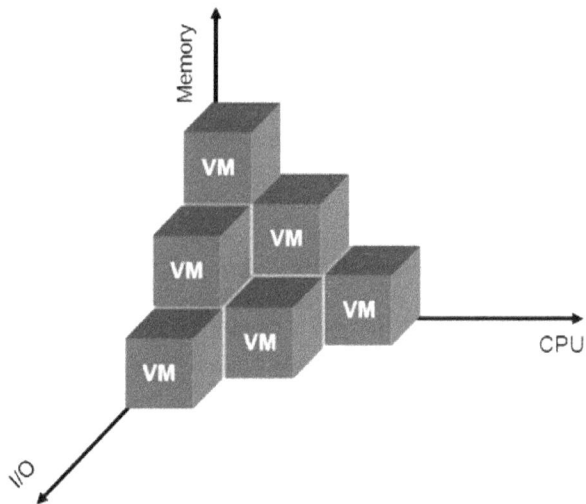

Abbildung 16. Dimensionen der Servervirtualisierung[78].

Die Cisco UCS Plattform unterstützt die Anforderungen an die Systemvirtualisierung im Klinischen Rechenzentrum durch folgende Leistungsmerkmale:

- Memory Expansion
- Network Interface Virtualization (VN-Link)
- Hypervisor Bypass

5.1.1 MEMORY EXPANSION

Moderne CPUs mit eingebauten Memory Controllern unterstützen nur eine
begrenzte Anzahl von Speicherkanälen und Slots pro CPU. Um mehrere
Betriebssystem-Instanzen mittels einer Virtualisierungssoftware umzusetzen,
werden große Mengen an Arbeitsspeicher benötigt. In Verbindung mit dem
Umstand, dass die CPU-Leistung die Arbeitsspeicherleistung übertrifft, kann
dies zu Arbeitsspeicher-Engpässen führen. Gerade traditionelle Anwendungen
verlangen eine große Menge an Hauptspeicher. Beispielsweise kann die

---

[78] Abbildung entnommen aus: Schlicker, Oliver / Hamm, Ullrich, Dischl, Andreas (2009), S.24

Leistung von Datenbank-systemen durch das Zwischenspeichern der Daten-bank-Tabellen im Cache-Speicher signifikant gesteigert werden. IT-Organisationen sind daher gezwungen in größere und teurere 4-Socket-Server zu investieren, um mehr Anschlussfläche für Arbeitsspeicher-Module zu be-kommen. CPUs die 4-Socket Konfigurationen unterstützen, sind für gewöhnlich teurer, benötigen mehr Leistung und haben höhere Lizenzkosten zur Folge.

Cisco's „Memory Expansion" erweitert die Leistungsfähigkeit CPU-basierter Speichercontroller durch die logische Umgestaltung des Hauptspeichers, während weiterhin Standard-DDR3-Speichermodule eingesetzt werden. Wie in Abbildung 17 ersichtlich, ermöglicht es die neue Technologie, jeweils 4 DIMM-Slots des verwendeten Blade-Servers für den Memory-Controller der CPU, als einen DIMM mit vierfacher Größe darzustellen. Zum Beispiel werden bei Verwendung von Standard-DDR3-DIMMs, vier 8GB DIMMs logisch als ein einziger 32GB DIMM dargestellt. Diese patentierte Technologie erlaubt der CPU auf mehr Industrie-Standard-Speicher denn je in einem 2-Socket-Server zuzugreifen. Die „Extended Memory Technology" ist in Cisco's „UCS B250 M1 Extended Memory" Blade-Server integriert. Dieser ist mit 48 DIMM Slots versehen, die allesamt mit 8GB-DDR3 Speichermodulen bestückt werden können. Herkömmliche Blade-Server mit gleichem Prozessor unterstützen maximal 12 Slots mit voller Leistung bzw. 18 Slots mit reduzierter Leistung. Für Serverumgebungen die viel Hauptspeicher benötigen, für die allerdings nicht die maximal mögliche Menge von 384GB erforderlich ist, können kleinere DIMMs anstelle der 8GB-DIMMs eingesetzt werden. Acht 1GB-DIMMs sind für gewöhnlich günstiger wie ein 8GB-DIMM[79].

---

[79] Vgl. Cisco Systems, Inc. (2009): Cisco Unified Computing System: Architecture for Imple-menting the Next Phase in an Industry Transition. Solution Overview, San Jose, S.18. http://www.cisco.com/en/US/prod/collateral/ps10265/ps10281/solution_overview_c22-522771.pdf [Abruf: 03.05.2010]

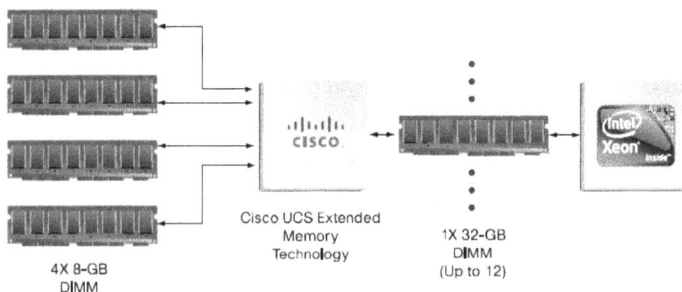

Abbildung 17. Cisco Extended Memory Technology[80].

Dies bedeutet für speicherintensive Anwendungen im Klinischen Rechenzentrum, wie etwa Servervirtualisierungssysteme oder Krankenhausinformationssysteme, dass größere Mengen an Arbeitsspeicher eingesetzt werden können, ohne auf teurere und leistungsintensivere 4-Socket Server umstellen zu müssen, nur weil mehr Arbeitsspeicherkapazität benötigt wird. Darüber hinaus kann das Verhältnis Prozessorleistung zu Arbeitsspeicher besser ausbalanciert werden, was eine höhere CPU-Auslastung und eine effizientere Nutzung der Serversysteme zur Folge hat. Für Servervirtualisierungssysteme bedeutet die Steigerung des verfügbaren Hauptspeichers, dass auf einem Blade-Server mehr virtuelle Server umgesetzt werden können, was letzten Endes zu einer Systemoptimierung und zu einer höheren Wirtschaftlichkeit führt.

5.1.2 NETWORK INTERFACE VIRTUALIZATION (VN-LINK)

Traditionelle Blade-Server bringen unnötige Kosten, Komplexität und Risiken für virtuelle Systemumgebungen mit sich. Bei vielen Implementierungen ist der Netzwerkzugriff von VM's, die auf Blade-Servern laufen, in mehrere Teile aufgeteilt, was ein effektives Management sowie eine durchgängige Security erschwert und unnötige Verzögerungen und Netzwerklasten bei Verbindungen

---

[80] Abbildung entnommen aus: Cisco Systems, Inc. (2009): Cisco Unified Computing System: Architecture for Implementing the Next Phase in an Industry Transition. Solution Overview, San Jose, S.19.
http://www.cisco.com/en/US/prod/collateral/ps10265/ps10281/solution_overview_c22-522771.pdf [Abruf: 03.05.2010]

zwischen VM's hervorruft. Darüber hinaus benötigen Software-Switches von Virtualisierungsherstellern hohe Rechenleistungen was sich wiederum negativ auf die Applikationsperformance auswirkt. Diese Software-Switches sind meistens außerhalb des Verantwortungsbereichs der Netzwerk-Administratoren und müssen von Serveradministratoren konfiguriert werden, was wiederum einem durchgängigen Netzwerk- und Sicherheitskonzept widerspricht.

Das Cisco UCS vereinfacht, beschleunigt und schützt Netzwerkverbindungen für virtuelle Serverumgebungen durch Reduktion der benötigten Switches. Die Kommunikation zwischen VM's innerhalb eines UCS läuft zentral über den UCS Fabric Interconnect. Dieser Ansatz schafft einen zentralen Kontroll- und Managementpunkt innerhalb des Virtualisierungssystems[81].

Cisco hat mit VN-Link, gemeinsam mit dem Virtualisierungshersteller VMware eine Technologie entwickelt, die eine Ende zu Ende Netzwerklösung für virtuelle Umgebungen bietet. Somit können innerhalb eines UCS die neuen Möglichkeiten der Servervirtualisierung voll ausgeschöpft werden. Netzwerkschnittstellen von VM's lassen sich so individuell identifizieren, konfigurieren und überwachen[82].

In einem UCS hat jeder Server einen oder mehrere physikalische Links zu den Fabric Interconnects. Cisco VN-Link ermöglicht dabei mehrere virtuelle Links auf diesen physikalischen Links. Ein virtueller Link verbindet somit ein virtuelles Netzwerkinterface in einer VM mit einem virtuellen Interface am Fabric Interconnect. Auf diese Weise bestehen für Netzwerkverbindungen von VM's hinsichtlich Konfiguration und Management die gleichen Möglichkeiten wie bei physikalischen Verbindungen bei physikalischen Servern. Somit ist die Konfiguration von Parametern hinsichtlich Netzwerksegmentierung, Zugriffssteuerung

---

[81] Vgl. Cisco Systems, Inc. (2009): A Platform Built for Server Virtualization: Cisco Unified Computing System, San Jose, S.8.
http://www.cisco.com/en/US/prod/collateral/ps10265/ps10276/ps10276/white_paper_c11-555663.pdf [Abruf: 03.05.2010]
[82] Vgl. Storagekonsortium (2010): Cisco VN-Link Technologie, München.
http://www.storageconsortium.de/content.php?review.547 [Abruf: 03.05.2010]

bzw. Servicepriorisierung in virtuellen Umgebungen auf Netzwerkebene möglich. Auf dieser Basis können VM's dynamisch zwischen physikalischen Servern
verschoben werden, ohne dass die Netzwerkkonfiguration verändert werden
muss. Das virtuelle Netzwerkprofil wandert also dynamisch mit dem virtuellen
Server über Servergrenzen hinweg, ohne das eine Konfiguration auf mehreren
Switch-Instanzen erforderlich ist[83].

Abbildung 18 zeigt drei mögliche Einsatzszenarien von VN-Link. VN-Link in
Software stellt dabei einen Cisco Software-Switch bereit, der in die Virtualisierungssoftware integriert ist und die gleichen Funktionen wie ein physikalischer
Switch bietet. Dies ermöglicht beispielsweise eine durchgängige Netzwerkana-
lyse und Konfiguration von Sicherheitsfeatures auf Netzwerkebene durch die
Netzwerkadministratoren. Der Einsatz von VN-Link in Software bietet sich an,
wenn viele virtuelle Server mit geringeren Leistungsanforderungen benötigt
werden. VN-Link in Hardware ermöglicht durch ein zentrales Management
mittels UCS Manager die eindeutige Zuordnung zwischen virtuellen Interfaces
von VM's und virtuellen Interfaces am Fabric Interconnect. Im Gegensatz zu
VN-Link in Software wird dabei die CPU des physikalischen Servers nicht
beansprucht und bietet dadurch Vorteile bei höheren Leistungsanforderungen.
VN-Link in Hardware mit „VM Direct Path" ermöglicht mittels einer Hypervisor
Bypass Funktion eine direkte Kommunikation zwischen dem Betriebssystem
der VM und der UCS Virtual Interface Card und umgeht somit den Hypervisor
der Virtualisierungssoftware. Diese Eigenschaft bringt eine wesentlich höhere
Leistung mit sich, die mit physikalischen Servern vergleichbar ist. Die Hypervisor Bypass Funktion wird also bei höchsten Leistungs-

---

[83] Vgl. Cisco Systems, Inc. (2009): A Platform Built for Server Virtualization:
Cisco Unified Computing System, San Jose, S.6.
http://www.cisco.com/en/US/prod/collateral/ps10265/ps10276/white_paper_c11-555663.pdf
[Abruf: 03.05.2010]

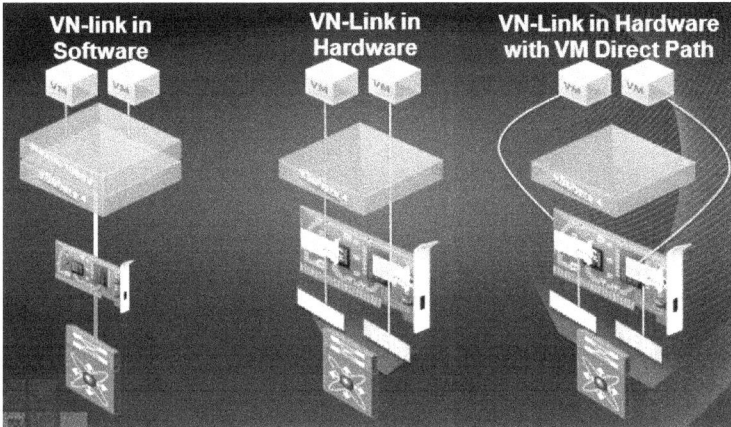

Abbildung 18. VN-Link Einsatzszenarien[84].

anforderungen eingesetzt, welche auf Funktionen der Virtualisierungssoftware verzichten können[85].

Cisco Memory Expansion, Network Interface Virtualization (VN-Link) und Hypervisor Bypass unterstützen somit alle Anforderungen an eine ganzheitliche, leistungsstarke und transparente Ende zu Ende Virtualisierung. Das Cisco UCS bietet eine kompakte, leistungsfähige und in höchstem Maße skalierbare Basis für die Virtualisierung im Klinischen Rechenzentrum und ist somit Motor für Ressourcenoptimierung und Effizienzsteigerung.

5.2 FÜR ENERGIEEFFIZIENZ KONSTRUIERT

Die Zahl der Anwendungen und die zu speichernden Datenmengen im Klinischen Rechenzentrum wachsen schnell. Rechenzentren in der Domäne Gesundheitswesen sehen sich deshalb immer höheren Leistungsanforderungen gegenüber. Zwar ist der technische Fortschritt in der Entwicklung von Server-

---

[84] Abbildung entnommen aus: Ullrich, Hans-Peter (2009), S.13
[85] Vgl. Pereira, Carlos (2010), S.78

systemen rasant, doch eine steigende Rechenleistung bedeutet immer auch einen zunehmenden Strombedarf für Kühlung und Betrieb. In Verbindung mit den hohen und weiterhin steigenden Strompreisen wird der laufende Betrieb eines Klinischen Rechenzentrums damit zum Kostentreiber. Trotzdem sind in vielen Gesundheitseinrichtungen die Stromkosten des Rechenzentrums unbekannt[86].

Die Energieeffizienz eines Datenzentrums hängt von zahlreichen Einflussfaktoren ab, welche oftmals nicht in die Entscheidungskompetenz des IT-Managements fallen. Neben der IT ist auch das Gebäude- oder Facility-Management für den Rechenzentrumsbetrieb verantwortlich. In Bezug auf Steigerung der Energieeffizienz können diese Bereiche wesentliche Beiträge leisten. Wichtig ist, dass IT und Gebäudemanagement bei Planung, Umsetzung und Betrieb eines Rechenzentrums, entsprechend den Anforderungen und zukünftigen Entwicklungen, abgestimmt agieren.

Es gibt viele Möglichkeiten die Energieeffizienz in Datenzentren zu steigern. Durch Optimierung der Raumklimatisierung in Bezug auf Energieeinsatz oder durch ein modernes Stromversorgungsmanagement können seitens Haustechnik entscheidende Beiträge geleistet werden. Ebenso kann die IT durch Optimierung der IT-Infrastruktur oder durch die effizientere Gestaltung und Nutzung der IT-Komponenten wesentliche Verbesserungen erzielen.

Dieser Aufgabe kommt das Cisco UCS nach. Das System ist nach dem sogenannten „80 Plus Gold Standard" für PC- und Servernetzteile zertifiziert. „80 PLUS" ist eine nordamerikanische Initiative zur Förderung von energieeffizienten Netzteilen, die einen Wirkungsgrad von 80% oder höher aufweisen. Dies macht ein 80 Plus zertifiziertes Netzteil mindestens um 33% effizienter als gängige Netzteile, welche die Anforderungen nicht erfüllen. Laut Angaben von Ecos Consulting können dadurch bis zu 30% an Kühlkosten sowie Energiekosten, Kosten für Systemerweiterungen und Wartungskosten eingespart werden.

---

[86] Vgl. Preußer, Jacqueline (2007), S.8

Energieeffiziente Netzteile leisten aber nicht nur einen Beitrag zur Kostenein-sparung, sondern auch zu mehr Betriebssicherheit, da diese deutlich weniger Wärme produzieren. Hitze ist eines der Hauptursachen von Halbleiterfehlern. Dabei verdoppelt sich die Fehlerrate von Halbleiterkontakten bei einem Tempe-raturanstieg von 10°C. Aus diesem Grund können überhitzte Servernetzteile die Verfügbarkeit und Ausfallsicherheit von Serversystemen stark beeinträchtigen. Nach Angaben von 80 Plus kann durch die verbesserte Qualität und die niedri-geren Betriebstemperaturen von 80 Plus zertifizierten Netzteilen die Betriebssi-cherheit um bis zu 40% gegenüber Netzteilen, welche die geforderten Leis-tungsmerkmale nicht erfüllen, gesteigert werden[87].

Das 80 Plus Programm ist ein einzigartiges Forum, dass Energie-unternehmen, die Computerindustrie und Kunden miteinander verbindet und den Weg in Richtung Energieeffizienz für Desktop-Computer und Server aufzeigt. Die Initiative listet zudem konforme Geräte der jeweiligen Hersteller und stellt die entsprechenden Messergebnisse in Form von Protokollen im Internet zur Verfügung.

Wie dem Testprotokoll von 80 Plus zu entnehmen ist, weisen die Netzteile des Cisco UCS einen durchschnittlichen Wirkungsgrad (gemessen bei 50% Sys-temauslastung) von 92,21% auf, dies entspricht dem sogenannten „80 Plus Gold-Level". Die Initiative fordert bei diesem Level, dass die Netzteile bei einer 50-prozentigen Auslastung einem Wirkungsgrad von mindestens 90% errei-chen. Außerdem muss dabei der Leistungsfaktor (Verhältnis Wirkleistung zur Scheinleistung) mindestens 0,9 betragen. Die Netzteile des Systems arbeiten also in höchstem Maße effizient[88].

---

[87] Vgl. Ecos Consulting (2005): Energy-Efficient Computers run with 80 Plus, Portland, S.3
http://www.80plus.org/docs/broch/80PLUS_brochurepages.pdf [Abruf: 03.05.2010]
[88] Vgl. Electric Power Research Institute (2009): 80 PLUS Verification and Testing Report, Knoxville, S.1
http://www.80plus.org/manu/psu/psu_reports/DELTA%20ELECTRONICS_AHF-2DC-2500W_2500W_SO-59_Report.pdf [Abruf: 03.05.2010]

Die 80 Plus Definitionen wurden zudem in die Version 4.0 der Energy Star Spezifikationen eingearbeitet. Das Energy Star Label zeichnet in den USA stromsparende IT- und Haushaltsgeräte aus, in Europa beschränkt sich das Energy-Star-Programm auf reine Bürogeräte. Dabei wird den Geräten bescheinigt, dass sie die Stromsparkriterien der amerikanischen Umweltbehörde EPA erfüllen. Als wesentliches Kriterium gilt, dass sich ein eingeschaltetes Gerät nach einiger Zeit selbständig zurückschaltet. Dies bedeutet bei Computern ein Herunterfahren der Prozessorleistung sowie das Abschalten der Festplatte. In den USA beschäftigt sich die EPA aktuell damit, auch Energy-Star-Spezifikationen für Unternehmensserver zu entwickeln[89].

Das Cisco UCS wurde hinsichtlich Energieeffizienz konstruiert. Neben den effizient arbeitenden Netzteilen setzt das System auf innovative Intel Prozessoren. Die verwendeten Prozessoren der Serie 5500 unterstützen sogenannte „low-power states", welche Energieverbrauch und Prozessorleistung optimal ausbalancieren, indem sie die Leistung während geringer Nutzung dynamisch herunterstufen und sobald der Bedarf steigt, die Taktfrequenz einzelner Prozessorkerne hochfahren, sofern die thermischen Gegebenheiten es zulassen. Auf diese Weise können einzelne, weniger ausgelastete Prozessorkerne in einen energiesparenden Zustand versetzt werden, was wesentlich zu einem energieeffizienten Betrieb beiträgt. Für „speicherhungrige" Umgebungen ermöglicht das UCS durch das große Fassungsvermögen an Speichermodulen eine effizientere Nutzung der Prozessoren, indem Wartezeiten durch Festplatten-Zugriffe oder andere I/O-Operationen reduziert werden. Zusätzlich verbessert das vereinfachte Design der Blade-Server den Luftdurchsatz und reduziert die Anzahl an Komponenten, welche mit Strom versorgt und gekühlt werden müssen, um über 50 Prozent im Vergleich zu konventionellen Blade-Servern. Darüber hinaus wird die Drehzahl und Leistung der Kühlgebläse auf Basis zahlreicher Sensor-Messwerten mittels ausgeklügelter Algorithmen dynamisch

---

[89] Vgl. Preußer, Jacqueline (2007), S.18

geregelt, was zu einem Minimum an Leistungsverbrauch und zu einem Optimum an Kühleffizienz führt[90].

Aufgrund der zahlreichen innovativen Techniken hinsichtlich Steigerung der Leistungseffizienz und Optimierung der Ressourcen leistet Cisco mit dem UCS einen wesentlichen Beitrag zur Förderung der Energieeffizienz im Rechenzentrum und stellt somit die Weichen in Richtung Green-IT.

5.3 SKALIERBARKEIT ENTKOPPELT VON KOMPLEXITÄT

Wie unter Punkt 3.1.2 beschrieben, können mit zwei „UCS 6140XP 40-Port Fabric Interconnects", je nach Leistungsanforderung, bis zu 40 Blade-Server-Chassis bzw. bis zu 320 Blade-Server netzwerkseitig redundant angebunden werden. Nachdem das UCS mittels UCS-Manager konfiguriert und in Betrieb genommen wurde, sind bei Erweiterungen von Blade-Server-Chassis grundsätzlich keine zusätzlichen Konfigurationen erforderlich. Die Chassis müssen lediglich mit Strom versorgt und über mindestens zwei konvergente Netzwerkverbindungen mit den Fabric Interconnects verbunden werden, um redundant an die zentralen Netzwerk- und Speichersysteme angebunden zu sein. Maßgeblich ist dabei, dass im Vergleich zu herkömmlichen Blade-Server-Chassis, die I/O-Performance ohne zusätzliche Erweiterungsmodule oder Switches durch einfaches Verkabeln gesteuert werden kann.

Abbildung 19 zeigt, dass durch gezieltes Verkabeln zwischen UCS Fabric Interconnects und UCS Fabric Extender, zwischen mehr I/O-Kapazität (mit mehr Kabeln) und mehr Rechenkapazität (mit weniger Kabeln können insgesamt mehr Blade-Server-Chassis eingebunden werden) variiert werden kann. Somit kann je nach Anforderung die I/O- und Rechen-Performance optimal ausbalanciert und dadurch ein Optimum erzielt werden.

---

[90] Vgl. Cisco Systems, Inc. (2010): Cisco Unified Computing System. At-A-Glance, San Jose, S.1
http://www.cisco.com/en/US/solutions/collateral/ns340/ns517/ns224/ns944/at_a_glance_c45-523181.pdf [Abruf: 03.05.2010]

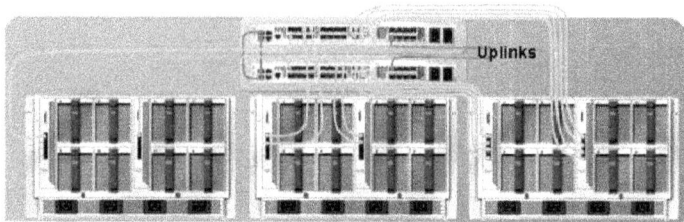

Abbildung 19. Chassis-Verkabelung UCS[91].

Tabelle 2 zeigt die maximale Anzahl der UCS Blade-Server-Chassis, die mit den unterschiedlichen UCS Fabric Interconnect Modellen bei einer unterschiedlichen Anzahl an Verbindungen zwischen UCS Fabric Extender und UCS Fabric Interconnect angebunden werden können.

Tabelle 2. Skalierungsstufen UCS Blade Server Chassis[92].

Number of uplinks from each Fabric Extender to each Fabric Interconnect	1	2	4
Maximum number of Blade Server Chassis with UCS 6120XP 20 Port Fabric Interconnect	20	10	5
Maximum number of Blade Server Chassis with UCS 6140XP 40 Port Fabric Interconnect	40	20	10

Tabelle 3 zeigt die verfügbare Netzwerk-Bandbreite für UCS Blade-Server-Chassis bzw. UCS Network Adapter (Mezzanine Card) bei unterschiedlichen UCS Fabric Extender Bestückungen und einer unterschiedlichen Anzahl an Verbindungen zwischen UCS Fabric Extender und UCS Fabric Interconnect.

---

[91] Abbildung entnommen aus: Loitzl, Bernd (2009), S.15
[92] Tabelle entnommen aus: Gai, Silvano / Salli, Tommi / Andersson, Roger (2009), S.254

Tabelle 3. Netzwerkbandbreiten UCS Blade Server Chassis[93].

Number of uplinks from each Fabric Extender to each Fabric Interconnect	1	2	4
Available bandwidth for Blade server Chassis with one Fabric extender	10 Gbps	20 Gbps	40 Gbps
Available bandwidth for each mezzanine card with one Fabric Extender	1.25 Gbps	2.5 Gbps	5 Gbps
Available bandwidth for Blade Server Chassis with two Fabric Extenders	20 Gbps	40 Gbps	80 Gbps
Available bandwidth for each mezzanine card with two Fabric Extenders	2.5 Gbps	5 Gbps	10 Gbps

Wie unter Punkt 3.1.4 beschrieben, benötigt ein Cisco „UCS U5108 Blade-Server-Gehäuse" sechs Höheneinheiten in einem 19-Zoll Industrie-Serverrack. Pro Rack mit 42 Höheneinheiten können somit bis zu sieben UCS Blade-Server-Chassis, mit einem Fassungsvermögen von bis zu 56 Blade-Servern, installiert werden. 40 Chassis können also theoretisch in 6 Serverracks untergebracht werden. Da jedoch in Rechenzentren und Serverracks Stromversorgung und Kühlleistung limitierende Faktoren sind, gilt es bei der Planung und Dimensionierung die maximal mögliche Leistung pro Serverrack zu beachten.

Der durchschnittliche Leistungsbedarf eines mit 8 Blade-Servern bestückten UCS Blade-Server-Chassis wird von Cisco bei 50% CPU-Leistung mit 2Kilowatt (kW) und bei 100% CPU-Leistung mit 2,6kW angegeben[94].

Bemerkenswert ist, dass durch die einfache UCS-Architektur die Komplexität bei Systemerweiterungen keineswegs steigt. Somit trägt das UCS wesentlich dazu bei, die Komplexität im Klinischen Rechenzentrum zu reduzieren und die kontinuierlich steigenden Leistungsanforderungen durch einfache Erweiterbarkeit optimal zu unterstützen.

---

[93] Tabelle entnommen aus: Gai, Silvano / Salli, Tommi / Andersson, Roger (2009), S.254
[94] Vgl. Gai, Silvano / Salli, Tommi / Andersson, Roger (2009), S.248

5.4 Drastische Vereinfachung der Systemarchitektur

Eines der primären Ziele in hochverfügbaren Klinischen Rechenzentren ist, dass jeder Server redundant an das Daten- und Speichernetzwerk angebunden wird. Um dies zu ermöglichen wird in vielen Fällen, parallel zum Datennetzwerk, ein separates Speichernetz aufgebaut, welches neben teuren SAN-Switches, Netzwerkmodule für Server und eine separate Verkabelung erfordert. Diese zusätzlichen Komponenten müssen allesamt konfiguriert, gewartet, stromversorgt und gekühlt werden und verursachen neben zusätzlichen Investitions- vor allem zusätzliche Betriebskosten. An das Speichernetzwerk können zudem nur Server eingebunden werden, welche mit entsprechenden Modulen ausgestattet sind und zu den SAN-Switches verkabelt werden. Dies ist für moderne Rechenzentren mit Hochverfügbarkeitsanforderungen eine wesentliche Einschränkung[95].

Durch eine konvergente Ethernet-Infrastruktur beim Cisco UCS sind parallele Netzwerkinfrastrukturen für Daten- und Speichernetzwerke nicht mehr erforderlich. Abbildung 20 zeigt die Vereinfachung der Serveranbindungen durch die Netzwerkzusammenführung. Auf diese Weise können Server-Adapter und Verkabelung für FC-Netzwerk (FC Traffic), Managementverbindungen (Enet Traffic) und Verbindungen für Interprozess-Kommunikation (IPC Traffic) eingespart werden, indem alle Verbindungen logisch getrennt über eine gemeinsame Ethernet-Infrastruktur geführt werden.

---

[95] Vgl. Cisco Systems, Inc. (2009): Cisco Unified Computing System: Architecture for Implementing the Next Phase in an Industry Transition. Solution Overview, San Jose, S.11 http://www.cisco.com/en/US/prod/collateral/ps10265/ps10281/solution_overview_c22-522771.pdf [Abruf: 03.05.2010]

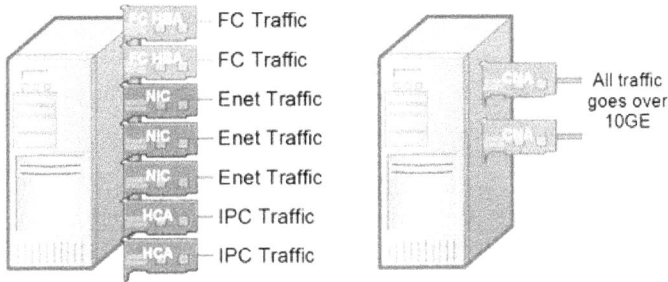

Abbildung 20. Reduktion der Server-Netzwerkinterfaces durch I/O-Konsolidierung[96].

Dadurch ergeben sich folgende Vorteile:

- Weniger Netzwerkkarten pro Server
- Erhebliche Reduktion der Verkabelung
- Erhebliche Reduktion der Netzwerkkomponenten und Netzwerkkomplexität
- Reduktion bei Stromverbrauch und Kühlung der Systeme
- Die zusammengeführte Netzwerkinfrastruktur erlaubt es allen eingebundenen Servern auf Storage Ressourcen zuzugreifen
- Einsparungen bei Investitions- und Betriebskosten

Darüber hinaus eliminiert das UCS die unter Punkt 2.2.1 beschriebene Problematik des Spanning Tree Algorithmus. UCS kann dazu in einen sogenannten „Endgerätemodus" versetzt werden, welcher sämtliche Verbindungen zwischen den UCS Fabric Interconnects und den Speicher- und Netzwerkkernsystemen aktiv verwenden kann ohne dass diese zur Vermeidung von Netzwerkschleifen blockiert werden müssen. Dazu werden die Netzwerkadressen der physikalischen und logischen Server mit den Uplink-Anschlüssen verankert. Auf diese Weise können zusätzlich Leistungen gesteigert bzw. Kosten reduziert werden[97].

---

[96] Abbildung entnommen aus: Gai, Silvano (2008), S.15
[97] Vgl. Cisco Systems, Inc. (2009): Cisco Unified Computing System: Architecture for Implementing the Next Phase in an Industry Transition. Solution Overview, San Jose, S.12

Durch die Vereinfachung der UCS Systemarchitektur wird ein wesentlicher Beitrag zur Senkung der Investitions- und Betriebskosten im Rechenzentrum geleistet, die Komplexität deutlich reduziert und die Systemverfügbarkeit, Ausfallsicherheit und Stabilität des Gesamtsystems erhöht.

5.5 EINFACHES MANAGEMENT UND RASCHE SERVICEBEREITSTELLUNG

Durch die unter Punkt 5.4 beschriebene Vereinfachung der Systemarchitektur können Systemerweiterungen einfach und rasch durchgeführt werden. Demnach die zeitintensive Netzwerkverkabelung im Rechenzentrum zwischen Servern und den zentralen Netzwerk- und Speichersystemen entfällt, ist das IT-Personal bei der Bereitstellung von zusätzlichen Ressourcen weitestgehend unabhängig von der Haustechnik bzw. von Elektrounternehmen. Dadurch kann eine wesentliche Zeitersparnis bei Systemerweiterungen sowie bei der Bereitstellung von Ressourcen und Services erzielt werden.

Durch den zentralisierten, mandantenfähigen und in den UCS Fabric Interconnect integrierten UCS Manager können alle Ressourcen im Rechenzentrum von zentraler Stelle ganzheitlich administriert werden. Auf diese Weise können zahlreiche dezentrale Managementsysteme für Netzwerk-, Server,- Speicher- und Virtualisierungsressourcen eingespart werden[98].

Mit dem UCS Manager wird für die IT-Administratoren aller Fachbereiche eine gemeinsame Managementplattform zur Verfügung gestellt, die ein umfassendes Berechtigungsmanagement bietet und die Vorteile von Mandantensystemen, wie etwa zentrale Installation und Wartung, Einsparung von System- und Lizenzkosten, logische Trennung für die Nutzung von unterschiedlichen Kunden, sowie Reduktion der Komplexität in sich vereint. Der Mandant stellt dabei

---

http://www.cisco.com/en/US/prod/collateral/ps10265/ps10281/solution_overview_c22-522771.pdf [Abruf: 03.05.2010]
[98] Vgl. Cisco Systems, Inc. (2009): Unified Computing Overview – White Paper, San Jose, S.4
http://www.ciscosistemas.org/en/US/solutions/collateral/ns340/ns517/ns224/ns944/white_paper_c11-522754.pdf [Abruf: 03.05.2010]

eine organisatorisch und technisch abgeschlossene Einheit innerhalb des Systems dar.

Durch die Zusammenführung aller Managementsysteme wird das Nahtstellenmanagement vereinfacht und somit das Risiko durch Konfigurationsfehler deutlich reduziert. Dadurch kann die Qualität und die Sicherheit im täglichen IT-Betrieb erhöht werden.

Der UCS Manager verwendet für die Bereitstellung von virtuellen und physikalischen Servern sogenannte Service-Profile, die von Server-, Netzwerk- und Speicheradministratoren erstellt und als Vorlage zur weiteren Verwendung gespeichert werden. In diesen Profilen sind alle relevanten Konfigurationsparameter aller UCS-Komponenten, wie zum Beispiel Einstellungen von Netzwerkadapter, Parameter für die Übertragungsqualität, Softwareversionen, etc. gespeichert[99].

Auf diese Weise werden manuelle Konfigurationen stark reduziert und die Qualität und Geschwindigkeit der Ressourcen- und Servicebereitstellung kann deutlich erhöht werden.

5.6   BASIS FÜR CLOUD-COMPUTING

Wie unter Punkt 2.2.2 beschrieben ist im IT-Markt ein klarer Trend zu Cloud-Computing erkennbar. Demnach werden IT-Anwendungen zukünftig aus effizient arbeitenden Datenverarbeitungszentren als Service bezogen. Dabei sind vor allem für die Domäne Gesundheitswesen Datensicherheit, Verfügbarkeit und Skalierbarkeit entscheidende Faktoren.

Als großes Hemmnis für die Nutzung von Cloud-Computing-Services ist das fehlende Vertrauen, dass Daten und Anwendungen sicher isoliert werden, zu

---

[99] Vgl. Cisco Systems, Inc. (2009): Cisco UCS Manager – End-to-End Management for the Cisco Unified Computing System, San Jose, S.1
http://www.cisco.com/en/US/solutions/collateral/ns340/ns517/ns224/ns944/at_a_glance_c45-522983.pdf [Abruf: 03.05.2010]

sehen. Unternehmen im Gesundheitswesen müssen dabei die vertrauliche Behandlung von Patienten- sowie Personal-und Finanzdaten sicherstellen.

Aus diesem Grund haben die Unternehmen Cisco, VMware und NetApp zusammen eine serviceorientierte Infrastruktur entwickelt, welche eine sicher isolierte Umgebung, bestehend aus Netzwerk-, Server- Speicher- und Virtualisierungselementen auf Basis des UCS, für eine dynamische Ressourcenzuteilung und einfache Freigabe bereitstellt. Zu den wichtigsten Funktionen dieser effizienten und höchstverfügbaren Infrastruktur zählen dynamische Skalierbarkeit, integrierte Datensicherheit, Automatisierung sowie die Möglichkeit, sowohl Anwendungen als auch Daten innerhalb der Infrastruktur transparent zu migrieren. Dieser ganzheitliche Ansatz ermöglicht die effiziente Freigabe von virtuellen Speicher-, Netzwerk- und Server-Ressourcen. Mit der mandantenfähigen Architektur können separate Anwendungen oder Kunden die gleiche physikalische Infrastruktur mit kompletter Isolation nutzen, sodass vertrauliche Daten nie in Gefahr sind[100].

Abbildung 21 zeigt die logische Trennung einer ganzheitlichen, mandantenfähigen Infrastruktur für die sichere und gemeinsame Nutzung der physikalischen Infrastruktur für mehrere Anwendungen bzw. Kunden.

---

[100] Vgl. NetApp, Inc. (2009): NetApp, Cisco und VMware bieten eine vollständige, sichere Multi-Tenant-Umgebung, S.2
http://media.netapp.com/documents/ds-2953-de.pdf [Abruf: 03.05.2010]

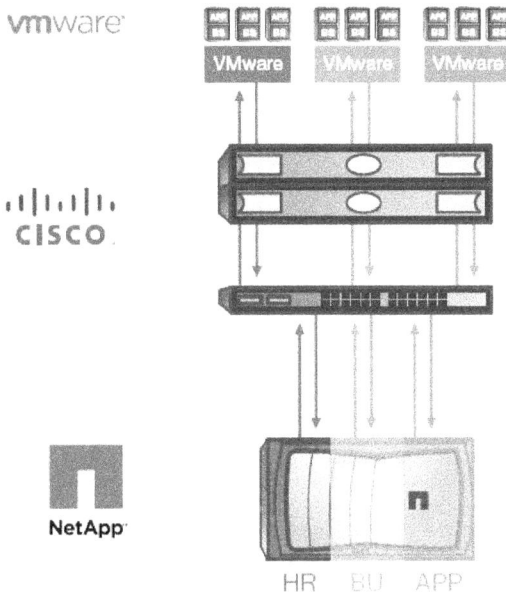

Abbildung 21. Mandantentrennung auf physikalischer Infrastruktur[101].

Auf diese Weise kann beispielsweise das Personalwesen (HR) im Unternehmen von weiteren Geschäftsbereichen (BU) und Applikationen (APP) sicher getrennt werden.

Tabelle 4 zeigt wie mittels dieser virtuellen und dynamischen Rechenzentrums-Architektur, im Vergleich zu konventionellen Rechenzentren die Anzahl der Server-, Speicher-, Rack- und Netzwerkkomponenten deutlich reduziert werden können. Darüber hinaus kann die Bereitstellungszeit von neuen Services von Wochen auf Minuten reduziert werden und die Auslastung von Speichersyste-

---

[101] Abbildung entnommen aus: NetApp, Inc. (2009): NetApp, Cisco und VMware bieten eine vollständige, sichere Multi-Tenant-Umgebung, S.3
http://media.netapp.com/documents/ds-2953-de.pdf [Abruf: 03.05.2010]

men auf über 75% und die Auslastung von Serversystemen auf über 90% angehoben werden, was die Effizienz im Rechenzentrum signifikant steigert.

Tabelle 4. Einsparungspotentiale durch Virtual Dynamic Data Center[102].

IT AREA	TYPICAL DATA CENTER	VIRTUAL DYNAMIC DATA CENTER
Servers	1000	100
Storage (TBs)	100	50
Racks	200	10
Cables/Ports	3000	300
Networks	2	1
Provision Time	Weeks	Minutes
Utilization	Compute: 5-8% Storage: 30-40%	Compute: 90% + Storage: 75% +

Enge Zusammenarbeit und sorgfältige Integration eliminieren die Komplexität einer konventionellen IT-Infrastruktur zugunsten standardisierter Komponenten und konsistenter Management-Praktiken, die Investitions- und Betriebskosten senken, Anforderungen an die Kompetenz der Mitarbeiter reduzieren, Bereitstellungszeiten von Services verkürzen, die Ressourcenauslastung erhöhen und dabei gleichzeitig eine höhere Sicherheit bieten[103].

---

[102] Tabelle entnommen aus: NetApp, Inc. (2010): Imagine Virtually Anything. Delivering on the Promise of a Virtualized Data Center, S.4
http://media.netapp.com/documents/cisco-vmware-alliance-brochure.pdf [Abruf: 03.05.2010]
[103] Vgl. NetApp, Inc. (2009): NetApp, Cisco und VMware bieten eine vollständige, sichere Multi-Tenant-Umgebung, S.4
http://media.netapp.com/documents/ds-2953-de.pdf [Abruf: 03.05.2010]

Durch die strategische Kooperation von Cisco, VMware und NetApp haben drei führende Anbieter aus den Bereichen Netzwerk/Computing, Virtualisierung und Speicher, effiziente und sichere Technologien vereint und leisten damit einen wesentlichen Beitrag für eine sichere Cloud-Computing Infrastruktur der Zukunft.

5.7 Auf Industriestandards basierend

Cisco stellt mit UCS eindrucksvoll unter Beweis, dass sich Innovationen und Standards keinesfalls ausschließen. Unter dem Motto „Bewährtes bewahren und Neues wagen" setzt Cisco beim UCS einerseits auf Technologien die sich im Rechenzentrum erfolgreich etabliert und bewährt haben, wie beispielsweise Ethernet oder X-86-Architektur und andererseits auf neue Entwicklungen wie beispielsweise DCB, welches als Basis für eine konvergente Netzwerkinfrastruktur und FCoE erforderlich ist. Cisco bringt dabei eigene innovative Entwicklungen in Standardisierungsgremien wie IETF oder IEEE ein und begleitet diese bis zur Verabschiedung.

Beim UCS Manager wurde ebenfalls eine XML-Standard basierende Programmierschnittstelle eingesetzt, die es erlaubt bestehende Management- und Überwachungswerkzeuge sowie weitere Anwendungen zu integrieren.

Cisco trägt, durch die auf Industriestandards basierenden Systemkomponenten von UCS, zur Reduktion der Komplexität im Rechenzentrum bei, vereinfacht die Integrationsmöglichkeit zusätzlicher Systeme, reduziert die Anforderungen an das IT-Personal und unterstützt die Zukunftssicherheit des Systems.

6 ERFOLGSKRITISCHE FAKTOREN BEI DER EINFÜHRUNG VON UNIFIED-COMPUTING

Wegen des häufigen Scheiterns von IT-Projekten gibt es eine anhaltende Diskussion über die erfolgskritischen Faktoren bei der Planung und Umsetzung von Projekten. Erfahrungsberichte und Studien zeigen, dass sich die Problemstellungen in IT-Projekten häufig ähneln. Immer wieder stößt man auf die gleichen erfolgskritischen Faktoren die zur Zielerreichung eines Vorhabens beitragen.

Bei der UCS-Einführung gilt es neben den technischen Heraus-forderungen vor allem die organisatorischen und sozialen Auswirkungen zu meistern. Neben den vielen technischen Parametern, die es bei Implementierung und Betrieb eines modernen IT-Systems zu berücksichtigen gilt, geraten die sogenannten „weichen Faktoren" oftmals in den Hintergrund. Doch gerade bei UCS, welches eine vereinheitlichte Plattform für das Management der IT-Systeme bietet, ist es wesentlich, dass die einzelnen Fachbereiche der Systemtechnik, wie etwa Server-, Speicher-, Netzwerk- und Securitytechnik bei Implementierung und Betrieb an einem Strang ziehen und ein gemeinsames Ziel verfolgen. Die Erfahrungen aus dem Projektmanagement zeigen, dass es letztendlich immer um die Menschen geht und daher der Mensch im Mittelpunkt des Projekts stehen sollte.

6.1 PROFESSIONELLES PROJEKTMANAGEMENT

Der Projekterfolg ist von vielen Faktoren abhängig. Viele Probleme können durch eine vernünftige Planung und ein professionelles Projekt-management verhindert werden. Generell ist im IT-Projektmanagement ein Trend erkennbar, bei dem die sogenannten „Wohlfühlfaktoren" bzw. „Soft-Skills" an Bedeutung gewinnen. Zahlreiche Untersuchungen zeigen, dass die Tücken der Technik, einschließlich der technischen Komplexität, als Ursachen für das Scheitern von IT-Projekten weitestgehend vernachlässigt werden können.

Zur Vertiefung des theoretischen und praktischen Projektmanagementwissens stehen professionelle Projektmanagement-Ausbildungen und -Zertifizierungen hoch im Kurs. Weltweit gibt es mittlerweile über 300.000 zertifizierte Projektmanager/innen, denn die internationale Bedeutung der Zertifizierung steigt. Projekte sind meist wichtig und kostspielig - Auftraggeber legen sie deshalb oftmals nur mehr in die Hände von Projektmanager/innen, die nachweislich zertifiziert sind bzw. vertrauen ausschließlich auf Unternehmen mit zertifizierten Projektmanager/innen[104].

Bei der Einführung eines UCS ist das Projektmanagement vor allem gefordert ein Kohärenzgefühl, sowohl bei den Projektmitarbeitern, als auch bei den zukünftigen Benutzern und Betreibern des Systems zu schaffen. Das Kohärenzgefühl umfasst im Wesentlichen drei Qualitäten, die sich im betrieblichen Zusammenhang folgendermaßen beschreiben lassen:

Verstehbarkeit:

Die Mitarbeiterinnen und Mitarbeiter erleben die Ereignisse im Projekt als strukturiert, vorhersehbar und erklärbar. Das vermittelte Wissen befähigt sie, die Zusammenhänge ihrer Arbeitswelt zu verstehen. Das bedingt einen erhöhten Informationsaufwand durch die Projektleitung und Führungskräfte, der sich aber durch eine bessere Motivation und Leistung schnell bezahlt macht.

Handhabbarkeit:

Die Mitarbeiterinnen und Mitarbeiter können mit den ihnen zur Verfügung stehenden Ressourcen die Anforderungen im Projekt bzw. an ihrem Arbeitsplatz bewältigen. „Fördern durch Fordern", lautet hier die Devise.

---

[104] Vgl. Projekt Management Austria (2008): PM Baseline. Version 3.0, Wien, S.2 http://www.p-m-a.at/download/download%202009/pm%20baseline%20v%203.0%20Deutsch_Oktober%202009.pdf [Abruf: 03.05.2010]

Sinnhaftigkeit:

Die einzelne Mitarbeiterin bzw. der einzelne Mitarbeiter haben das Gefühl, dass ihre Arbeit von Bedeutung ist und im größeren Ganzen einen Sinn hat. Belastungen verwandeln sich so in Herausforderungen. Der Frage der Sinnhaftigkeit kommt gerade bei der Einführung von neuartigen und komplexen IT-Systemen eine entscheidende Bedeutung zu. Für diejenigen Mitarbeiterinnen und Mitarbeiter denen der Sinn ihrer Arbeit unmittelbar einleuchtet, ist die Gefährdung an einem Burnout zu erkranken erwiesenermaßen viel geringer[105].

Ein Projektmanagement, welches den Projekterfolg unter Aufrecht-erhaltung von psychischer, physischer und sozialer Gesundheit der Mitarbeiterinnen und Mitarbeiter anstrebt, wirkt sich langfristig positiv und nachhaltig aus. Ziel eines professionellen Projektmanagements muss es sein, eine gute Arbeitsleistung im Projekt mit einer hohen Zufriedenheit der Mitarbeiterinnen und Mitarbeiter zu verbinden. Es ist entscheidend, dass diese fähig sind, ihre Umwelt im Projekt zu durchschauen, zu bewältigen und darin einen Sinn zu erkennen.

Zwischen Februar und März 2008 wurde in einer Kooperation zwischen Fellner Executive Training & Consulting und Projekt Management Austria eine Online Umfrage unter 5000 österreichischen Projektmanagern über die Schlüsselfaktoren des Projekterfolgs durchgeführt. Die wichtigsten Erfolgsfaktoren sind demnach die Teambildung, die Arbeit mit Zielen und das Arbeitsklima, gefolgt von Zusammenarbeit mit dem Auftraggeber und die Einbeziehung der Projektkunden. Geld und Zeit werden nicht als besonders entscheidende Erfolgsfaktoren genannt. Auch dem Einsatz der Projektmanagement Methoden kommt nur mittlere Bedeutung zu. Des Weiteren scheint das Wohlbefinden der am Projekt beteiligten Projektteammitglieder eine wesentliche Voraussetzung für das Gelingen von Projekten zu sein. Die meiste Aufmerksamkeit wird entsprechend den

---

[105] Vgl. Helg, Felix (2010): Das Konzept der Salutogenese – oder: wie bleibe ich gesund?, Winterthur, S.4
http://www.felixhelg.ch/pdf/gesundheit_im_betrieb.pdf [Abruf: 03.05.2010]

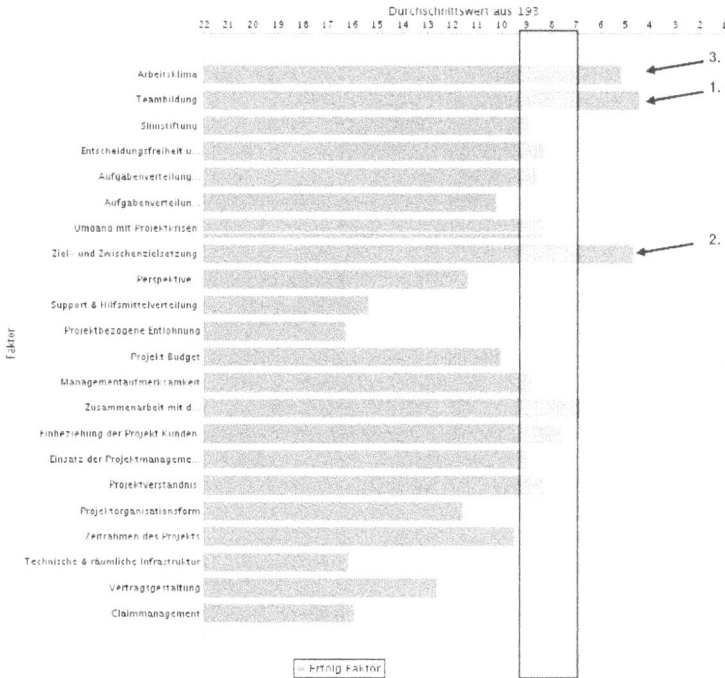

Abbildung 22. Ranking der Erfolgsfaktoren bei Projekten[106].

Umfragedaten für den Umgang mit Projektkrisen aufgewendet. Dahinter folgen mit gleichen Werten Aufmerksamkeit für die Ziel- und Zwischenzielsetzung, die Zusammenarbeit mit dem Auftraggeber und die Einbeziehung der Projekt Kunden[107].

Ein Projektleiter hat durch den Einsatz von Projektmanagementmethoden und -werkzeugen direkten Einfluss auf den Projekterfolg. Tatsächlich steht jedoch

---

[106] Abbildung entnommen aus: Fellner, Irene (2008): Schlüsselfaktor des Projekterfolgs und woran Projekte scheitern. Ergebnisse einer Befragung von Projekt Management Austria und Fellner Executivetraining & Consulting, S.8
http://www.p-m-a.at/download/pmafocus2008/pma%20focus%202008_fellner.pdf   [Abruf: 03.05.2010]
[107] Vgl. Fellner, Irene (2009): Schlüsselfaktoren des Projekterfolgs. Abschlussbericht. Eine Umfrage von Fellner Executivetraining & Consulting und Projekt Management Austria, S.10
http://www.fellner.or.at/downloads/PMAOesterreichReport.pdf [Abruf: 03.05.2010]

immer der Mensch im Mittelpunkt des Projekts, er ist daher auch der wichtigste Erfolgsfaktor beim Projektmanagement.

6.2 MOTIVIERTE INNOVATOREN UND PROJEKTFÖRDERUNG

Die Einführung eines neuartigen und komplexen IT-Systems setzt voraus, dass dieses Vorhaben durch das Management unternehmensintern und -extern kontinuierlich unterstützt wird. Intern sollten sowohl die Geschäftsleitung, als auch die gesamte Führungsebene hinter dem Projekt stehen. Für Projekte die über die Unternehmensgrenzen hinausgehen, muss zusätzlich die Unterstützung der externen Kooperationspartner vorhanden sein. Der Projektleiter sollte zu Beginn des Projekts mit den verantwortlichen Personen ein Einvernehmen über Ziele, Kosten und Ressourcen, Verantwortlichkeiten und Zeitrahmen des Projekts erzielen[108].

Erfahrungen aus der Praxis zeigen, dass einzelne motivierte Personen Problemsituationen ganz genau kennen und an einer innovativen Lösung interessiert sind. Diese Personen gilt es für das Projekt zu gewinnen. In die Umsetzung sind dann zwar mehr Personen einbezogen, aber die Motivation und Initiative für die erfolgreiche Planung und Umsetzung des Projekts steht fast immer im Zusammenhang mit einzelnen Innovatoren und deren persönlichem Einsatz.

6.3 GANZHEITLICHE PLANUNG

Bei der Planung eines UCS sind großes theoretisches als auch praktisches Fachwissen, sowie Erfahrung in der Konzeption, Umsetzung und im Betrieb von IT-Systemlösungen, im Bereich Systemtechnik und Rechenzentren, wesentlich. Abgestimmt auf die Anforderungen des Unternehmens bzw. des Kunden ist eine, entsprechend den technischen, organisatorischen, rechtlichen und wirtschaftlichen Rahmenbedingungen, ganzheitliche Betrachtung für den Projekterfolg wesentlich. Die Betrachtung der Investitions- und Betriebskosten gehört ebenso wie die bestmögliche Unterstützung der Unternehmensstrategien

---

[108] Vgl. Gross, Sandra / Thiesse, Frederic (2005), S.311

und -ziele in den Leistungsumfang. Bestandteil der Lösungskonzeption sollte eine herstellerunabhängige Marktanalyse unter Berücksichtigung von etablierten Standards sein. Die Planung der Gesamtlösung sollte jedenfalls mit Bedachtnahme auf Kostenoptimierung, Zukunftssicherheit und Skalierbarkeit erfolgen.

Unternehmen fehlt es oft an Zeit oder Ressourcen, um im Bereich der IT den Überblick über Technologienentwicklungen, Herstellerstrategien, unterschiedlichste Lösungsszenarien, sowie Beschaffungs- und Betriebsmodelle zu bewahren. Um Know-How- und Personalengpässe zu überbrücken, bedienen sich daher viele Unternehmen Dienstleistern oder Beratungsunternehmen, an die sie schließlich die Verantwortung für die Beratung und Planung übertragen. Folgende Leistungen können Bestandteil einer Unternehmensberatung im Zuge der Einführung eines UCS sein:

- Strategieentwicklung
- Marktanalyse
- Machbarkeitsstudie
- Projektplanung, Projektmanagement, Projektcoaching
- Ausschreibungserstellung
- Angebotsprüfung
- Umsetzungsbegleitung
- Betreiberkonzept

Die Projektplanung sollte abgestimmt auf die strategische Planung, welche alle für das Gesamtunternehmen wichtigen wirtschaftlichen und strategischen Aspekte berücksichtigt, erfolgen. So können die vorhandenen Mittel exakt dort eingesetzt werden, wo positive und messbare Effekte für die gesamte Organisation erzielt werden. Ziel ist es, eine nachhaltige Planung sämtlicher Kosten und Einflussfaktoren zu erreichen, die für alle Entscheidungsebenen die relevanten Informationen bereitstellt[109].

Ein wichtiger Planungsgrundsatz ist die Definition eines Vorgehens-modells. Es strukturiert die Anwendung von Techniken und Methoden der Lösungsentwicklung und ordnet sie festzulegenden Projektphasen zu. Folgende Phasen und Aspekte sollten im Rahmen einer professionellen Planung berücksichtigt werden:

- Darstellung der Istsituation (Ist-Analyse) sowie Anforderungs-analyse
- Identifikation von Akteuren und Rollen mit ihren spezifischen Aufgaben und Anforderungen
- Identifikation von einzelnen Prozessen und Prozessketten (Prozess- und Dienstorientierung)
- Identifikation technischer Rahmenbedingungen vorhandener IT-Infrastrukturen
- Entwurf einer funktionalen Systemarchitektur
- Entwurf einer zugehörigen IT-Infrastruktur unter Berücksichtigung existierender Produkte und Standards
- Entwurf eines Informations-/Datenmodells
- Auswahl zukunftssicherer Standards und Technologien für die Realisierung, sowie Gewährleistung von Herstellerunabhängigkeit

Daraus ergeben sich Anforderungen an die Kommunikation und die funktionalen sowie nicht-funktionalen Eigenschaften einer Lösungs-architektur. Darunter fallen die allgemeinen Maßstäbe der Qualität von Produkten wie Benutzbarkeit, Effizienz, Funktionalität, Änderbarkeit und Zuverlässigkeit. Diese Aspekte gelten prinzipiell für IT-Lösungen aller Bereiche und Branchen. Spezifische Anforderungen für die Domäne „Gesundheitswesen" liegen vor allem bei den nicht-funktionalen Eigenschaften wie Ausfallsicherheit, Durchsatz und Performance,

---

[109] Vgl. Hanschke, Inge, in: Insight CIO (November 2008), S.3

Datenschutz, Datenzugriff, Persistenz, Verfügbarkeit und Nachvollziehbarkeit[110].

Eine umfassende und qualitativ hochwertige Planung bei IT-Projekten ist der Grundstein für den Erfolg, dementsprechend führt eine unzureichende oder schlechte Planung in vielen Fällen zur Niederlage - überhaupt keine erst recht.

6.4 PROZESSANALYSE ALS GRUNDLAGE

Die Einführung eines UCS dient letztendlich der Optimierung von Arbeitsschritten und Prozessen hinsichtlich Qualität, Zeit und Kosten.

Bevor allerdings ein Prozess neugestaltet wird, sollte eine genaue Darstellung und Analyse der Ist-Situation vorgenommen werden. Dies ist wichtig um eine gemeinsame Sichtweise und ein Verständnis für die aktuellen Prozesse zu gewinnen, also welche Aspekte relevant sind und im Detail betrachtet werden sollten und welche nicht. Wesentlich ist vor allem Vergleichsdaten aufzuzeichnen und festzuhalten. Diese müssen nach der Umstrukturierung des Prozesses zur Beurteilung herangezogen werden[111].

Auf Basis der Ist-Analyse kann anschließend ein Soll-Prozess erarbeitet werden. Vor allem bei umfangreichen Szenarien und komplexen Abläufen sollte vorab eine fundierte Analyse erfolgen, die als Grundlage für eine Sollmodellierung dient. Beim UCS stellt sich vor allem die Frage wie schnell neue Serversysteme und Ressourcen bereitgestellt werden können, um neue Dienste ohne wochenlange Vorlaufzeiten implementieren zu können. Wichtig dabei ist es, eine ganzheitliche Darstellung aller notwendigen Prozessschritte zu schaffen und auch Abhängigkeiten und Schnittstellen zu anderen Bereichen, wie etwa dem FM bzw. der Haustechnik, zu berücksichtigen. Anhand der Sollabläufe und

---

[110] Vgl. Fraunhofer-Institut für Offene Kommunikationssysteme FOKUS (2008): eHealth-Infrastrukturen; Sichere Serviceorientierte Architekturen im Gesundheitswesen, Berlin, S.7 http://www.telematik-modellregionen.de/content/e280/e286/e863/infoboxContent864/FOKUS-eHealth-Infrastrukturen.pdf [Abruf: 03.05.2010]
[111] Vgl. Gaßner, Katrin / Koch, Oliver / Weigelin, Lena / Deiters, Wolfgang / Ritz, Andrea / Kaltenborn, Rossitza (2006), S.122

Rahmenbedingungen kann dann definiert werden, wofür eine UCS Lösung sinnvoll eingesetzt werden kann und wo besser alternative Technologien bzw. Lösungen zum Einsatz kommen. Alternative Lösungen können außerdem auf dieser Grundlage bewertet werden.

6.5 Durchführung von Pilotprojekten

Als Pilotprojekt bezeichnet man allgemein Großversuche oder Demonstrationsprojekte, die bei gesellschaftlich, wirtschaftlich und technisch risikobehafteten Entwicklungen vor die allgemeine Einführung gesetzt werden, um Fragen der Akzeptanz, der Wirtschaftlichkeit, des Marktpotentials und der technischen Optimierung im Feldversuch zu erproben[112].

Der Einsatz von UC ist noch in hohem Maße innovativ. Erfahrungswerte gibt es erst aus Entwicklungsumgebungen, Demoinstallationen und ersten Implementierungen bei Referenzkunden. Pilotprojekte bieten dabei die Möglichkeit eine Kalibrierungs- und Rekonfigurations-Phase einzuplanen, um Fehler im Vorfeld eines flächendeckenden Betriebs minimieren zu können.

Pilotprojekte sollten in einer für das Gesamtprojekt repräsentativen Testumgebung umgesetzt werden. Diese Testumgebung muss nicht zwingend eine temporäre Einrichtung sein, sondern kann auch eine dauerhafte Institution darstellen. In Krankenhäusern könnte zum Beispiel eine „Station der Zukunft" einerseits als Umgebung für ein Pilotprojekt eingesetzt werden, andererseits als dauerhafte Testumgebung für neue Technologien oder Innovationen dienen.

Ziele von Pilotprojekten bzw. dauerhaften Testumgebungen können sein:

- Erstimplementierungsumgebung und Demonstrationsbereich für neue Geräte, Technologien und Innovationen

---

[112] Vgl. Fellbaum, Klaus-Rüdiger (1981/82), S.88

- Durch den Test von neuen Lösungen im Echtbetrieb kann der Nutzen bzw. Nichtnutzen derer erkannt werden und für Entscheidungen dienlich sein
- Erfahrungen hinsichtlich kritischer Erfolgsfaktoren für eine Projektumsetzung
- Imageverbesserung durch Bestätigung der Innovationskraft und Vorreiterrolle
- Vergleich bei neuen Lösungen (internes Benchmarking von neuen Lösungen, feststellen der Alltagstauglichkeit etc.)
- Argumentationsunterstützung für IT-Entscheider

6.6 AKZEPTANZ DURCH DIE KÜNFTIGEN NUTZER

Die Erfolgreiche Einführung eines UCS wird nicht nur von einer erfolgreichen technischen Realisierung abhängen, sondern vor allem auch davon, ob die Mitarbeiter und Kunden des Unternehmens die technische Lösung akzeptieren.

Der Projektleiter sollte daher diejenigen internen und externen Interessensgruppen identifizieren, die einen positiven oder negativen Effekt auf den Erfolg des Systems erzielen können. Um den langfristigen Erfolg zu sichern, muss der Projektleiter die Unterstützung aller Stakeholder besitzen. Dazu sollte er regelmäßig analysieren, wie groß ihr Einfluss auf das Projekt ist und wie ihre Bereitschaft aussieht, das Projekt zu unterstützen. Bei einem Defizit müssen konkrete Maßnahmen ergriffen werden, wie beispielsweise eine gezielte Kommunikationsstrategie zu definieren und anzuwenden. Mögliche Stakeholder-Gruppen bei einem UC-Projekt können Geschäftsleitung, Lenkungsausschuss, Projektteam, operatives Management, betroffene Mitarbeiter und Kunden sein[113].

Die frühzeitige Einbeziehung der künftigen Nutzer ist eine der zentralen Voraussetzungen, um die Akzeptanz für eine UCS-Lösung möglichst schnell herzustellen. Insbesondere neue und kaum erprobte Systeme stoßen dabei

---

[113] Vgl. Gross, Sandra / Thiesse, Frederic (2005), S.311

zunächst auf Skepsis, der gezielt begegnet werden muss. Bei der Einführung eines UCS ist unbedingt darauf zu achten, die zukünftigen Nutzer mit in die Projektierung und Umsetzung einzubeziehen, diese zu informieren und potenzielle Nutzen und Mehrwerte deutlich zu machen. Es kann davon ausgegangen werden, dass die Akzeptanz der Lösung das Umgehen, Boykottieren oder sogar Sabotieren des laufenden Systems verringert. Grundsätzlich muss allerdings damit gerechnet werden, dass derartige Verweigerungshaltungen auftreten.

Bei der Einführung von UC kommt erschwerend hinzu, dass das System mehrere IT-Fachbereiche in einem Unternehmen umfasst und festgefahrene „Silostrukturen" sowohl technisch, als auch organisatorisch durchbricht, indem Projektmitarbeiter und Betreiber auf einer gemeinsamen Managementoberfläche zusammengeführt werden. Deshalb ist es wesentlich alle Fachbereiche wie Server- und System-administratoren, Storage-Techniker sowie Netzwerk- und Security-techniker in das Projekt einzubeziehen und somit die Weichen für einen interdisziplinären Wissensaustausch zu stellen, der wiederum für die erfolgreiche Implementierung und einen erfolgreichen Betrieb maßgeblich ist.

6.7 DIALOG IM NETZWERK

Ein intensiver Erfahrungsaustausch zwischen den Akteuren im Systemtechnikumfeld im Gesundheitswesen trägt dazu bei, ein erfolgreiches und koordiniertes Vorgehen, bei der Einführung neuer Systeme und Lösungen zu fördern. Dabei sollten in einer möglichst ganzheitlichen Betrachtung sowohl technische Möglichkeiten, als auch mögliche kaufmännische, strategische oder organisatorische Auswirkungen aufgezeigt werden.

Eine Diskussion der technischen und organisatorischen Auswirkungen des UC soll dadurch erreicht werden, dass man sich im Rahmen von Arbeitskreisen, Foren oder Referenzbesuchen damit befasst, aber vor allem, indem bei den einzelnen Projekten die Evaluation eines Nutzens für Technik, Organisation oder das Gesundheitswesen als Ganzes angeregt wird. An diesem Gebiet

Interessierte sollen sich über bereits durchgeführte oder laufende Projekte, den neuesten Stand der Technik, oder mögliche Kooperationspartner informieren können. Aus den gesammelten Erfahrungswerten können Empfehlungen erarbeitet werden, wann der Einsatz von UC sinnvoll erscheint und wann nicht. Damit können „best practices" weitergegeben werden, zum Beispiel welche Vorgehensweisen sich für das Implementieren einer Lösung bewährt haben, aber auch welche scheitern und aus welchen Gründen[114].

Ein interdisziplinärer Erfahrungsaustausch in Form von Arbeitskreisen dient der Verbesserung der gegenseitigen Information, Kommunikation und Kooperation zwischen Menschen, die Projekte zum Einsatz innovativer IT im medizinischen Umfeld planen oder selbst durchführen wollen. Folgende Fragen können im Rahmen von Arbeitskreisen diskutiert werden:

- Was ist UC? Was bedeutet die Technologie? Welche Standards gibt es und welche technologischen Bausteine werden benötigt?
- Was ist das Spektrum von Anwendungen, die auf UC basieren und welche Anwendungen sind im Gesundheitswesen sinnvoll?
- Rechnet sich der technische Aufwand von UC Lösungen auch ökonomisch?
- Welche positiven Einsatzfelder von UC gibt es im Gesundheitswesen oder in anderen Branchen bereits und wie lassen sich diese Erfolge übertragen?
- Wie ist UC einzuführen? Welche Rahmenbedingungen sind notwendig um UC erfolgreich umzusetzen?

Für einen interdisziplinären Wissens- und Erfahrungsaustausch bieten moderne Kommunikations- und Kollaborationswerkzeuge eine effiziente Plattform. Durch den Einsatz von IT-Lösungen kann eine Gruppe von Personen in ihrem Ziel oder Aufgabengebiet unterstützt werden, indem eine Schnittstelle für eine geteilte Arbeitsumgebung geboten wird.

---

[114] Vgl. Koop, Andreas / Eymann, Thorsten, in: Krankenhaus-IT Journal (Ausgabe 1/06), S.17

6.8 Umfassende Funktionstests

Nach Abschluss der Installations- und Konfigurationsarbeiten muss das UCS einem umfassenden und möglichst ganzheitlichen Funktionstest unterzogen werden. Beim Testen sollte größtmögliche Sicherheit darüber gewonnen werden, dass das Gesamtsystem innerhalb der geplanten Rahmenbedingungen funktioniert. Das System muss hinsichtlich Funktionalität und Qualität getestet werden. Dabei müssen die Tests entsprechend einem definierten Vorgehensmodell durchgeführt werden. Die Kriterien, die zur Erreichung eines positiven Testergebnisses notwendigen sind, sollten in einem Katalog zusammengefasst und beschrieben werden. In diesem Katalog kann auch unterschieden werden, ob die einzelnen Kriterien oder Werte zwingend oder optional zu erfüllen sind.

Darüber hinaus sind Abhängigkeiten zu anderen Systemen zu beachten, die ggf. Voraussetzung für das Funktionieren des Gesamtsystems sein können. Dies können beispielsweise Anlagen der Haustechnik, wie etwa USV- oder Klimatisierungsanlagen sein. Hier gilt es auch Redundanzen und Auswirkungen im Fehlerfall von einzelnen Anlagen entsprechend zu testen. Beispielsweise sollte beim Einsatz von mehreren Klimaschränken, entsprechend dem Klimatisierungskonzept, getestet werden, ob das UCS beim Ausfall eines Klimaschrankes noch ausreichend gekühlt wird. Wesentlich ist, dass die Testergebnisse nachvollziehbar protokolliert werden, um zu einem späteren Zeitpunkt (z.B. im Fehlerfall) den Test, sowie die Ergebnisse im Detail nachweisen zu können.

Umfassende Tests sind für eine erfolgreiche Projektumsetzung ein absolutes Muss. Die Tests sollten möglichst repräsentativ für den späteren Einsatz des UCS sein und sind Voraussetzung für den Echtbetrieb des Systems.

6.9 Wartung und Betrieb

6.9.1 Schulung des Betriebspersonals

Wesentlich für einen erfolgreichen Projektabschluss, sowie die Übergabe des neuen Systems an die zukünftigen Nutzer, ist eine umfassende Schulung. Die

Lerneinheiten befähigen das für Wartung und Betrieb zuständige Personal das neue System zu betreiben und zu warten. Das Training dient auch dem Change Management, um Akzeptanz bei den Nutzern des zukünftigen Systems zu schaffen.

Zu diesem Zweck müssen qualifizierte Trainer ausgewählt werden, die aus der Gruppe der internen oder externen Projektmitarbeiter rekrutiert werden können. Die Trainer sind für die Vorbereitung des Schulungsmaterials, die Organisation und inhaltliche Gestaltung der Kurse, sowie für die Zielerreichung bei der Schulung verantwortlich. Sie sollten Erfahrungen in Change-Management-Projekten besitzen und die Besonderheiten des UCS im praktischen Einsatz kennen. Als Basis für eine erfolgreiche Schulung dienen die Implementierungs-dokumentation sowie das Betriebshandbuch. Die Projektleitung sollte das Training der Betriebsmitarbeiter schon zu Beginn des Projekts unterstützen, in das Budget aufnehmen und durch das Projektteam umsetzen[115].

6.9.2 Zugriffsberechtigung und Management

Die Rechtevergabe bei der Systemadministration ist wesentlich um sicherzu-stellen, dass die einzelnen Administratoren ausschließlich in die für sie relevan-ten Konfigurationsebenen gelangen können. Dadurch können Fehlkonfiguratio-nen eingeschränkt werden. Darüber hinaus kann durch personalisierte Benutzer die Nachvollziehbarkeit bei der Systemkonfiguration sichergestellt werden, in dem sämtliche Konfigurationsschritte protokolliert werden.

Das UCS ermöglicht die Einbindung in eine zentrale Authentifizierungsinstanz, wie etwa TACACS+. TACACS+ bietet die Möglichkeit skalierbare Autorisie-rungsschemata anzuwenden, mit denen sich die Benutzerberechtigungen sehr detailliert definieren lassen[116].

---

[115] Vgl. Gross, Sandra / Thiesse, Frederic (2005), S.311
[116] Vgl. Cisco Systems, Inc (2008): Authentication Protocols. TACACS+ and RADIUS Comparison, San Jose. http://www.cisco.com/en/US/tech/tk59/technologies_tech_note09186a0080094e99.shtml [Abruf: 03.05.2010]

In zentralen Dienstleistungsunternehmen werden Managementplattformen von IT-Systemen allen an der Administration beteiligten Benutzern bzw. Fachbereichen zur Verfügung gestellt. Dies muss allerdings unter einer strikten Mandantentrennung erfolgen. Die Mandantenfähigkeit des UCS sorgt dafür, dass Administratoren keinen gegenseitigen Einblick in ihre Konfigurationsoberfläche sowie in die Benutzerverwaltung haben.

6.9.3 SYSTEMMONITORING

Beim UCS ist es wesentlich, zentrale Systemkomponenten wie etwa Netzteile, Lüfter, CPU oder Speicher zu überwachen. Des Weiteren ist es wichtig, die Anbindungen an die zentralen Netzwerk- und Storagesysteme zu monitoren, um Ausfälle von Redundanzverbindungen, sowie die Entwicklung der Verbindungsauslastungen zu erkennen. Störungen können durch jedes einzelne Element in der IKT-Informationskette ausgelöst werden. Daher gilt es eine möglichst ganzheitliche Überwachung aller Systeme anzustreben, die einen Beitrag zum Funktionieren des Gesamtsystems leisten.

Auch Rahmenbedingungen für den Betrieb der IKT-Systeme, wie z.B. Stromversorgung oder Kühlung, sowie Umwelteinflüsse (z.B. Temperatur oder Luftfeuchtigkeit), spielen für eine stabile und hochverfügbare IKT-Infrastruktur eine zentrale Rolle. Alle relevanten Informationen müssen daher in Echtzeit gesammelt und aufbereitet werden, um eine rasche, effiziente und pro-aktive Fehlerbehebung und Ursachenforschung zu ermöglichen.

6.9.4 DATENSICHERUNG

Um Konfigurationsänderungen des UCS zu sichern, sollte eine automatische Sicherung der Konfigurationsdateien bei Änderung, z.B. mittels FTP, auf ein dafür vorgesehenes Serversystem erfolgen, welches zusätzlich in eine Sicherungsstrategie eingebunden ist. Auf diese Weise können Konfigurationsänderungen zeitnah rückgängig gemacht werden oder eine komplette Wiederherstellung bei einem Verlust der UCS-Konfiguration vorgenommen werden.

6.9.5 Support durch Hersteller und Lieferant

Für einen hochverfügbaren UCS-Systembetrieb im Klinischen Rechenzentrum, ist entsprechend den vereinbarten SLA's sicherzustellen, dass Hardwarekomponenten im Fehlerfall, zeitgerecht vor Ort ausgetauscht werden können. Dazu bedarf es Service- bzw. Wartungsverträgen mit dem Hersteller bzw. Lieferanten des UCS.

Darüber hinaus muss das System laufend, hinsichtlich neuen Funktionalitäten und Fehlerbehebungen, mit neuen Softwareversionen aktualisiert werden. In diesem Zusammenhang ist es wichtig, dass der Hersteller bzw. Lieferant eine Möglichkeit bereitstellt, um aktuell auftretende Fehler zu kommunizieren. Dabei ist ausschlaggebend, dass diese zeitnah durch Systemexperten bearbeitet werden und der Kunde zeitgerecht über Lösungsmöglichkeiten informiert wird.

6.9.6 Betriebshandbuch

Im Betriebshandbuch sollten umfassend und detailliert, alle für das Betriebspersonal notwendigen Informationen und Rahmenbedingungen dargestellt werden, um einen stabilen und sicheren Betrieb der Systeme zu gewährleisten. Das Betriebshandbuch kann neben organisatorischen Rahmenbedingungen (z.B. Betriebszeiten, Verantwortungsbereiche, etc.), technische Dokumentationen, Best-Practice-Anleitungen oder SLA's beinhalten.

Wesentlich ist, dass für alle Mitarbeiter der Betriebsführung klar und deutlich beschrieben ist, welche Leistungen im Rahmen ihrer Tätigkeit zu erbringen sind und wofür die einzelnen Mitarbeiter im Detail verantwortlich sind, um so Interpretationsspielraum zu vermeiden. Der Leistungskatalog kann folgende Tätigkeiten umfassen:

- Konfigurationsänderungen im Rahmen des Betriebs
- Pflegen der Betriebsdokumentationen
- Aktive Prüfung der Systeme (Fehler, Auslastungen etc.)
- Erstellung von Reports als Basis für Planung
- Einspielen von Änderungs- oder Sicherheitsupdates

- Prüfung der vom Netzwerkmanagement generierten Informationen und Alarmmeldungen
- Analyse von Störungen
- Störungsbehebung per Fernwartung bzw. vor Ort
- Ursachenforschung sowie Verbesserungsvorschläge zu auftretenden Problemen

7 FAZIT

Die nachfolgende Zusammenfassung der Ergebnisse der Arbeit beantwortet die unter Punkt 1.3 formulierte Forschungsfrage.

IT Systeme im Klinischen Rechenzentrum müssen einer Reihe von Anforderungen gerecht werden. Neben Betriebssicherheit, Leistungsfähigkeit und Skalierbarkeit, Einfachheit und Wartbarkeit, Effizienz im Betrieb und Informationssicherheit sind vor allem Zukunftssicherheit und Kostenoptimierung gefordert. Durch die zunehmende Digitalisierung der Patientenakten und den vermehrten Einsatz von betriebskritischen, IP-basierenden Diensten zur Unterstützung der Klinischen Prozesse, steigen die Leistungsanforderungen an die IT-Systeme signifikant. Aus diesem Grund stehen IT-Entscheider in Zeiten sinkender IT-Budgets vor einer Herausforderung und verlangen mehr und mehr nach einer Neugestaltung der verteilten und ineffizienten Rechenzentrumsinfrastrukturen.

Cisco liefert mit seinem innovativen UC-System eine ganzheitliche IT-Systemtechnik Lösung, um für Klinische Rechenzentren eine energieeffiziente Plattform für einen kostenoptimierten IT-Systembetrieb bereitzustellen. Das UCS unterstützt die hohen Anforderungen durch eine ganzheitliche End-to-End Virtualisierung aller IT-Ressourcen im Rechenzentrum und bietet eine vereinheitlichte, einfache, leistungsfähige und in höchstem Maße skalierbare Basis für einen effizienten Betrieb. Durch den Einsatz von UCS wird mittels sorgfältiger Integration die Komplexität einer herkömmlichen IT-Infrastruktur eliminiert. Standardisierte Komponenten und ein einheitliches Management ermöglichen eine schnelle Servicebereitstellung und reduzieren die Anforderungen an die Kompetenz der IT-Mitarbeiter. Durch den Einsatz energieeffizienter Komponenten und einer optimalen Ressourcenauslastung können IT-Betriebskosten, bei gleichzeitiger Steigerung der Leistung und der IT-Security, reduziert werden. UCS bietet somit ein enormes Potential um Klinische Rechenzentren energie- und kosteneffizient zu betreiben und stellt eine sichere Basis für die rasche und einfache Bereitstellung von IT-Services zur Verfügung.

Einer der wesentlichen Erfolgsfaktoren bei der Einführung des UCS im Klinischen Rechenzentrum ist ein professionelles Projektmanagement. Dabei sind die Projektleiter vor allem gefordert die Verstehbarkeit, Handhabbarkeit und Sinnhaftigkeit des neuartigen Systems an die Projekt- und Betriebsmitarbeiter klar zu kommunizieren und diese vom starren Fachbereichsdenken zu einem gemeinsamen und ganzheitlichen Denken zu bewegen. Dadurch kann das Projektmanagement wesentlich zur Akzeptanzförderung beitragen und Verweigerungshaltungen bzw. Sabotagen hinsichtlich der neuen IT-Gesamtlösung verhindern. Darüber hinaus tragen motivierte Innovatoren und eine Projektförderung durch das Management sowie eine ganzheitliche Planung wesentlich zum Gelingen einer UC-Systemeinführung bei. Als weitere Erfolgsfaktoren gelten die Prozessanalyse als Grundlage für eine erfolgreiche Planung, die Durchführung von Pilotprojekten, ein Dialog und Informationsaustausch hinsichtlich Best-Practices, umfassende Funktionstests sowie ein klares Konzept hinsichtlich Betrieb, Wartung und Weiterentwicklung des Systems.

UCS vervollständigt die Strategie von Cisco zur Bereitstellung einer ganzheitlichen IT-Infrastrukturlösung für moderne Rechenzentren, steht für Innovationen in den Bereichen Architektur, Technologie, Partnerschaft und Services und gilt als Motor für Virtualisierung und Cloud-Computing. Der Markt verfolgt dabei mit Spannung, wie sich Cisco mit UCS im stark umkämpften Rechenzentrumsumfeld behaupten kann. Mit ausschlaggebend wird dabei sein, wie das System die Erwartungen hinsichtlich effizienter und sicherer Servicebereitstellung erfüllen kann und ob die Unternehmen die Vorteile der vereinheitlichten Architektur erkennen und zu einem interdisziplinären und fachbereichsübergreifenden Handeln bewegt werden können.

8 LITERATUR- UND QUELLENVERZEICHNIS

8.1 MONOGRAPHIEN UND LEHRBÜCHER

Balmes, Frank (2008): Server-Virtualisierung und Konsolidierung im Rechenzentrumsbetrieb unter besonderer Berücksichtigung von Anforderungen an Verfügbarkeit, Datenschutz, Datensicherheit und Kosten. Dargestellt am Beispiel des praktischen Einsatzes von VMware im Rechenzentrum des Universitätsklinikums Bonn. 1.Auflage. Norderstedt

Butler, Andrew / Weiss, George J. (2009): Magic Quadrant for Blade Servers. Stamford

Carr, Nicholas (2009): The Big Switch – Der große Wandel. Die Vernetzung der Welt von Edison bis Google. 1.Auflage. Heidelberg

Dawson, Philip / Bittman, Thomas J. (2008): Gartner Special Report. Virtualization Changes Virtually Everything.

Evenson, Jeff / David, Jeremy / Cofsky, Jonathan (2009): Next Generation Data Centers: Networkers Win. New York

Fellbaum, Klaus-Rüdiger (1981/82): Telekommunikation von A-Z. Berlin

Gai, Silvano (2008): Data Center Networks and Fibre Channel over Ethernet (FCoE). 1.Auflage. Breinigsville

Gai, Silvano / Salli, Tommi / Andersson, Roger (2009): Project California: a Data Center Virtualization Server. UCS (Unified Computing System). 1.Auflage. San Jose

Gaßner, Katrin / Koch, Oliver / Weigelin, Lena / Deiters, Wolfgang / Ritz, Andrea / Kaltenborn, Rossitza (2006): Einsatzbereiche und Potentiale der RFID-Technologie im Deutschen Gesundheitswesen. Stuttgart.

Hintringer, Martin (2009): Projekthandbuch: Planung und Implementierung von Cisco UCS im Klinikum Wels-Grieskirchen. Version 1.0. Wels

Hintringer, Martin (2010): Projektabschlussbericht: Planung und Implementierung von Cisco UCS im Klinikum Wels-Grieskirchen. Version 1.0. Wels

Kainrath, Bernhard (2010): Datenmanagement im Gesundheitswesen. Wien

Litke, Sven (2009): Das integrale Sicherheitskonzept - Garant für Hochverfügbarkeit. Lünen

Loitzl, Bernd (2009): Cisco Unified Computing System. Wien

Pereira, Carlos (2010): End-to-End Datacenter Virtualization. Barcelona

Preußer, Jacqueline (2007): Energieeffizienz im Rechenzentrum. Chancen – Potenziale – Lösungen. Eine Studie der Reihe Best of IT-Solutions. Frankfurt am Main

Schlicker, Oliver / Hamm, Ullrich, Dischl, Andreas (2009): Results of the „small" UCS Business Case. München

Technische Universität Berlin (2008): Konzeptstudie zur Energie- und Ressourceneffizienz im Betrieb von Rechenzentren. Studie zur Erfassung und Bewertung von innovativen Konzepten im Bereich der Anlagen-, Gebäude- und Systemtechnik bei Rechenzentren. Berlin

Ullrich, Hans-Peter (2009): Future of Computing – Ciscos Eintritt in den Servermarkt. Salzburg

8.2 Sammelbände

Gross, Sandra / Thiesse, Frederic: RFID-Systemeinführung – Ein Leitfaden für Projektleiter. in: Fleisch, Elgar / Mattern, Friedemar (Hrsg.) (2005): Das Internet der Dinge. Ubiquitous Computing und RFID in der Praxis, Heidelberg, S.311

8.3 Beiträge aus Fachzeitschriften

Bailey, David C. / Jankowski, Simona / Park, Min / Friar Sarah / Ringham, Derek R. (2009): IT survey: the CIO view of the data center over the next 2-3 years. in: Goldman Sachs Data Center Techtonics. 07. Mai 2009, S.5

Hanschke, Inge (2008): IT-Landschaft im Griff. in: Insight CIO. Die Brücke zwischen Business und IT. Von der strategischen IT-Planung bis zur Umsetzung. November 2008, S.3

Koop, Andreas / Eymann, Thorsten (2006): Mobiles Computing zum Nutzen für Patienten, Ärzten und Gesundheitswesen. in: Krankenhaus-IT Journal. Ausgabe 1/06, S.17

Suppan, Jürgen: Kampf ums Rechenzentrum. Netzwerk-Konvergenz gefährdet Virtualisierung, Cisco greift an. in: Der Netzwerk Insider. Februar 2009, S.3

8.4 Internet-Quellen

bsmo GmbH (2010): Lifeline – Medizin im Internet. Glossar, Berlin.
http://www.lifeline.de/akromegalie/service/glossar/content-121029.html

Cayton, Ken (2008): Choosing the Right Hardware for Server Virtualization, Framingham.
http://virtualizationconversation.com/wp-content/uploads/2009/02/idcchoosingvirthardware.pdf

Cisco Systems Deutschland (2008): Data Center Ethernet – Die Cisco Innovation für Data Center Netzwerke, Berlin.
http://www.cisco.com/web/DE/pdfs/solutions/Cisco_DCE_WP.pdf

Cisco Systems, Inc (2008): Authentication Protocols. TACACS+ and RADIUS Comparison, San Jose.
http://www.cisco.com/en/US/tech/tk59/technologies_tech_note09186a0080094e99.shtml

Cisco Systems, Inc. (2009): A Platform Built for Server Virtualization: Cisco Unified Computing System, San Jose.
http://www.cisco.com/en/US/prod/collateral/ps10265/ps10276/white_paper_c11-555663.pdf

Cisco Systems, Inc. (2009): Cisco UCS B-Series Blade Server Network Adapters, San Jose.
http://www.cisco.com/en/US/prod/collateral/ps10265/ps10279/at_a_glance_c45-531023.pdf

Cisco Systems, Inc. (2009): Cisco UCS Manager – End-to-End Management for the Cisco Unified Computing System, San Jose.
http://www.cisco.com/en/US/solutions/collateral/ns340/ns517/ns224/ns944/at_a_glance_c45-522983.pdf

Cisco Systems, Inc. (2009): Unified Computing Overview – White Paper, San Jose.
http://www.ciscosistemas.org/en/US/solutions/collateral/ns340/ns517/ns224/ns944/white_paper_c11-522754.pdf

Cisco Systems, Inc. (2009): Cisco Unified Computing System: Architecture for Implementing the Next Phase in an Industry Transition. Solution Overview, San Jose.
http://www.cisco.com/en/US/prod/collateral/ps10265/ps10281/solution_overvie w_c22-522771.pdf

Cisco Systems Austria GmbH (2010): Cisco Unified Computing System beschleunigt Datenaustausch am Klinikum Wels-Grieskirchen, Wien.
https://www.cisco.com/web/AT/assets/docs/presse/10_Cisco_PA_UCS_xtentio n_de_FIN0323.pdf

Cisco Systems, Inc. (2010): Cisco UCS 6100 Series Fabric Interconnects – Introduction, San Josef.
http://www.cisco.com/en/US/products/ps10276/index.html

Cisco Systems, Inc. (2010): Cisco UCS 6120XP 20-Port Fabric Interconnect – Introduction, San Jose.
http://www.cisco.com/en/US/products/ps10301/index.html

Cisco Systems, Inc. (2010): Cisco UCS 6140XP 40-Port Fabric Interconnect – Introduction, San Jose.
http://www.cisco.com/en/US/products/ps10302/index.html

Cisco Systems, Inc. (2010): Cisco UCS B200 M1 Blade Server – Introduction, San Jose.
http://www.cisco.com/en/US/products/ps10299/index.html

Cisco Systems, Inc. (2010): Cisco UCS B250 M1 Extended Memory Blade Server – Introduction, San Jose.
http://www.cisco.com/en/US/products/ps10300/index.html

Cisco Systems, Inc. (2010): Cisco UCS M81KR Virtual Interface Card. Data Sheet, San Jose.
http://www.cisco.com/en/US/products/ps10300/index.html

Cisco Systems, Inc. (2010): Cisco Unified Computing System. At-A-Glance, San Jose.
http://www.cisco.com/en/US/solutions/collateral/ns340/ns517/ns224/ns944/at_a_glance_c45-523181.pdf

Datacom Buchverlag GmbH (2010): Multiplexverfahren. multiplexing, Peterskirchen.
http://www.itwissen.info/definition/lexikon/Multiplexverfahren-multiplexing.html

Datacom Buchverlag GmbH (2010): Bladeserver. blade server, Peterskirchen.
http://www.itwissen.info/definition/lexikon/Blade-Server-blade-server.html

DeLuca, Marco (2009): FCoE - Was es ist und was es bringt, Miesbach.
http://www.speicherguide.de/Magazin/Advertorials/tabid/237/articleType/ArticleView/articleId/11467/Advertorial-FCoE-Was-es-ist-und-was-es-bringt.aspx

Ecos Consulting (2005): Energy-Efficient Computers run with 80 Plus, Portland.
http://www.80plus.org/docs/broch/80PLUS_brochurepages.pdf

Electric Power Research Institute (2009): 80 PLUS Verification and Testing Report, Knoxville.
http://www.80plus.org/manu/psu/psu_reports/DELTA%20ELECTRONICS_AHF-2DC-2500W_2500W_SO-59_Report.pdf

Fellner, Irene (2008): Schlüsselfaktor des Projekterfolgs und woran Projekte scheitern. Ergebnisse einer Befragung von Projekt Management Austria und Fellner Executivetraining & Consulting.

http://www.p-m-a.at/download/pmafocus2008/pma%20focus%202008_fellner.pdf

Fellner, Irene (2009): Schlüsselfaktoren des Projekterfolgs. Abschlussbericht. Eine Umfrage von Fellner Executivetraining & Consulting und Projekt Management Austria.

http://www.fellner.or.at/downloads/PMAOesterreichReport.pdf

Fraunhofer-Institut für Offene Kommunikationssysteme FOKUS (2008): eHealth-Infrastrukturen; Sichere Serviceorientierte Architekturen im Gesundheitswesen, Berlin.

http://www.telematik-modellregionen.de/content/e280/e286/e863/infoboxContent864/FOKUS-eHealth-Infrastrukturen.pdf

Freie Universität Berlin (2003): Center für digitale Systeme. Glossar, Berlin.
http://www.internetoekonomie.com/glossar.php?HP=0&von=t&bis=z

Fromm, Axel (2007): Langzeitarchivierung Health.
http://www.asklepios-future-hospital.com/Presse/Download/Praesentationen_AFH_dialogTAGE/T-Systems.pdf

Haluschak, Bernhard (2010): Server – Die neuen Trends und Technologien, Wien. http://www.computerwelt.at/detailArticle.asp?a=126214&n=2

Heise Online (2009): Cisco, EMC und VMware gründen Joint Venture „Acadia",
Hannover.
http://www.heise.de/newsticker/meldung/Cisco-EMC-und-VMware-gruenden-
Joint-Venture-Acadia-849996.html

Helg, Felix (2010): Das Konzept der Salutogenese – oder: wie bleibe ich
gesund?, Winterthur.
http://www.felixhelg.ch/pdf/gesundheit_im_betrieb.pdf

Hewlett Packard GmbH (2009): Kostensenkung im Rechenzentrum, Böblingen.
http://h30458.www3.hp.com/de/de/ent/784946.html?jumpid=em_di_476408_DE
_D_73_013_hpc_d_784946_tsg-hps&dimid=1004657604&dicid=null&mrm=1-
4BVUP

Informationsforum RFID e.V. (2007): RFID im Gesundheitswesen, Berlin.
http://www.info-rfid.de/info-
rfid/content/e107/e127/e242/rfid_im_gesundheitswesen_ger.pdf

Klein, Michael / Schirra, Christof (2009): Fibre Channel over Ethernet zwischen Hype und Realität - Erste Abschätzungen der Praxistauglichkeit einer
konvergierten Netzwerk-Infrastruktur, Augsburg.
http://www.searchstorage.de/themenbereiche/speichernetze/fcoe-
san/articles/232461/index2.html

Klinikum Wels-Grieskirchen GmbH (2010): Allgemeine Information. Klinikum
Wels-Grieskirchen, Wels.
http://www.klinikum-wegr.at/ueber-uns/allgemeine-
informati-
on/582127231698182011_582613996494371604~582618922553428280_5826
18922553428280,de.html?template=/klinikum/page/

McNamara, Mike (2008): NetApp Whitepaper – Ethernet Storage.
http://media.netapp.com/documents/wp-7046.pdf

NetApp, Inc. (2009): NetApp, Cisco und VMware bieten eine vollständige, sichere Multi-Tenant-Umgebung.
http://media.netapp.com/documents/ds-2953-de.pdf

NetApp, Inc. (2010): Imagine Virtually Anything. Delivering on the Promise of a Virtualized Data Center.
http://media.netapp.com/documents/cisco-vmware-alliance-brochure.pdf

Peterson, Michael / Morash, Dean (2005): ILM and Tiered Storage.
http://www.snia.org/forums/dmf/knowledge/DMF-SNS_Tiered_Storage_20051024.pdf

Pressetext Nachrichtenagentur GmbH (2009): Cisco bringt erstes Unified Computing System für Rechenzentren auf den Markt, Wien.
http://pressetext.at/news/090317009/cisco-bringt-erstes-unified-computing-system-fuer-rechenzentren-auf-den-markt/

Projekt Management Austria (2008): PM Baseline. Version 3.0, Wien.
http://www.p-m-a.at/download/download%202009/pm%20baseline%20v%203.0%20Deutsch_Oktober%202009.pdf

Schmied, Jürgen (2010): Management Know-How. Glossar. Neunkirchen am Brand.
http://www.management-knowhow.de/index.php?id=10

Sikora, Axel (2001): Ethernet im Überblick, München.
http://www.tecchannel.de/netzwerk/lan/401674/ethernet_lan_protokoll_mac_phy_kollision_switching/

SNIA (2004): ILM Definition and Scope – An ILM Framework.
http://www.snia.org/forums/dmf/programs/ilmi/DMF-ILM-Vision2.4.pdf

Storagekonsortium (2010): Cisco VN-Link Technologie, München.
http://www.storageconsortium.de/content.php?review.547

VMware, Inc. (2010): Grundlagen zur Performance in virtualisierten Umgebungen, Unterschleißheim.
http://www.vmware.com/de/technology/performance/overview.html

Wehner, Gabriele (2009): Die Effizienz von Rechenzentren lässt sich messen, München.
http://www.computerwoche.de/hardware/green-it/1852181/

X-Tention IT GmbH (2010): Systemmonitoring, Wels.
http://www.x-
ten-
tion.at/xtinternet/page/4229895311851315337_425548897377517531_5629263
21697748676,de.html

8.5 INFORMATIONEN AUS GESPRÄCHEN UND DISKUSSIONEN

Für diese Arbeit waren Expertengespräche und Diskussionen mit folgenden Personen von besonderer Relevanz:

Harald Waibel, Leiter der Abteilung IT-Systemtechnik der X-Tention Informationstechnologie GmbH, 14. Dezember 2009

Hans-Peter Ullrich, Verantwortlich für den Fachbereich Datacenter Services bei Cisco Systems Austria, 30. September 2009

Bernd Loitzl, Consulting Systems Engineer bei Cisco Systems Austria, 29. März 2010

Bernhard Kainrath, Deal Lifecycle Manager bei NetApp Austria, 19. Jänner 2010

Josef Stoiber, Fachbereichsleiter Datacenter-Services der X-Tention Informationstechnologie GmbH, 1. März 2010